10~18岁青春叛逆期，父母引导**男孩**的沟通细节

图解版

张丽霞◎编著

中国纺织出版社有限公司

内容提要

青春期的孩子，身体发育迅速，心理波动不安，容易叛逆、和家长较劲、厌学，难沟通、难引导。

对于走到了人生十字路口的10~18岁男孩，父母要挖掘男孩青春期的巨大成长潜力，把"危险期"变成"机遇期"，把"爆发期"变成"创造期"，引导男孩顺利步入成年、迈向成功。本书全面指导家长如何与男孩顺利高效沟通，如何疏导男孩的负面情绪，如何做好男孩在爱情、亲情、友情方面的情感向导，如何培养男孩具备优秀男子汉的品质，如何让网络伤害不到男孩，如何锻炼男孩的为人处世之道，如何防范男孩误入歧途……让父母在第一时间给青春期男孩最迫切最正确的引导，实现男孩在人生关键阶段的最大飞跃。

图书在版编目（CIP）数据

10~18岁青春叛逆期，父母引导男孩的沟通细节：图解版 / 张丽霞编著. --北京：中国纺织出版社有限公司，2021.4

ISBN 978-7-5180-7613-0

Ⅰ.①1… Ⅱ.①张… Ⅲ.①男性—青春期—家庭教育—图解 Ⅳ.①G78-64

中国版本图书馆CIP数据核字（2020）第123013号

责任编辑：张 羽　　责任校对：高 涵　　责任印制：储志伟

中国纺织出版社有限公司出版发行
地址：北京市朝阳区百子湾东里A407号楼　邮政编码：100124
销售电话：010—67004422　传真：010—87155801
http://www.c-textilep.com
中国纺织出版社天猫旗舰店
官方微博http://weibo.com/2119887771
三河市延风印装有限公司印刷　各地新华书店经销
2021年4月第1版第1次印刷
开本：880×1230　1/32　印张：7
字数：118千字　定价：39.80元

凡购本书，如有缺页、倒页、脱页，由本社图书营销中心调换

前　言

相信很多父母都听过"叛逆期"这个名词,据教育专家调查研究发现,青春期的孩子普遍存在一定的叛逆心理,青春叛逆期,是家长教育孩子的关键时期。

这一时期是儿童期至成年期的过渡时期,体格、性征、内分泌及心理等方面都发生了巨大变化,个性、品质等世界观及信念逐步形成。

青春期,是人生中最美好的时期,也是决定男孩一生的关键期。青春的岁月如同钻石般珍贵,如鲜花般灿烂,但青春期也是叛逆期,叛逆期男孩的教育也成了不少父母头疼的问题。

可能不少男孩的父母发现孩子到了青春期就开始叛逆起来、无法管教——原来与自己无话不谈的儿子现在对自己关上了心门,一天到晚都说不上几句话;原来把所有精力放到力争第一名上的男孩如今却迷上了网络游戏;原来老师和家长眼里的乖巧男孩,更是突然学会了打架……面对男孩的这些叛逆的表现,父母感到不知所措,他们很想拉一把儿子,却发现无处下手。

那么,为什么男孩们会变得叛逆起来呢?心理医生认为,男孩在10岁之前是对父母的崇拜期,而10~18岁是孩子的"心理断乳期"，许多西方心理学家也把青春期看作个体发展的"危险期"。男孩进入到这个年龄段，随着身体的发育、所学知识的增加以及知识面、阅历的增加，他们的自我意识增强，他们渴望脱离对父母的依赖，因此，极易对父母产生"逆反心理"而不服父母的管教。为此，很多父母操碎了心。一方面，孩子正处在青春期，会面临成长中的烦恼，需要有个倾诉的对象，而孩子似乎已经对父母锁上了心门；另一方面，叛逆期是个特殊的时期，孩子一不小心，就可能走上错误的人生道路……

因此，这时父母的教育和引导很关键。合格的父母，最起码应该能理解孩子的感情。对于青春期男孩而言，他们正处在人生的岔路口，身心上的巨大变化、对未来生活的迷茫、情绪的多变，都需要我们父母用心感受和理解，我们要在关心男孩身体、学习的同时，给男孩的情感成长以指导和疏解，让男孩快乐健康地成长。

的确，青春期的家庭教育不是一门简单的学问，孩子们敏感、复杂，父母需要认真对待。但引导男孩并不难，只要父母们学习并掌握有关叛逆期教育的知识，并认真地对男孩加以引导，就可以避免男孩误入歧途，早日成材。如果父母还把男孩当孩子看待，用昔日的教育方法对待青春叛逆期的男孩，那么男孩不但不会接受，还会用反叛、固执、粗鲁、执拗、孤僻等极端的方式来对抗。

前言

　　本书就是一本针对管理、教育叛逆期的孩子的实用指导书，书中列举了众多典型鲜活事例，并从学生、家长、教师和专家等多个角度进行了深入的探讨，提出了相应的解决办法。最后，希望每一位阅读本书的父母，都能用自己的爱心和耐心，引导男孩正确处理叛逆期成长中的一些问题，让男孩在青春叛逆期树立正确的人生观、价值观，并掌握丰富的学习技能和生存本领，从而让他们为成为一个成功的男人做好充足准备！

编著者

2020年10月

目 录

第1章 走进孩子的心里，引导男孩度过青春叛逆期 _001

男孩为什么会发脾气

——男孩最渴望得到父母的尊重 _003

"我想离开这个家"

——青春期的男孩更渴望自由 _006

"我是独一无二的！"

——青春期男孩应该如何着装 _009

"我有时开心，有时烦闷。"

——青春期具有情绪多变性的特征 _012

第2章 做儿子的"消防员"，疏导青春躁动的负面情绪 _017

易冲动——青春期男孩的自控力差、攻击性强 _019

脾气暴——男孩遇到不顺心的事就暴躁易怒 _022

虚荣心——帮助青春期男孩克服虚荣心 _025

嫉妒心——青春期男孩容易患上"红眼病" _028

第3章 解析青春叛逆期的行为,引导男孩克服叛逆和不驯 _031

"我也有说话的权利。"

——给孩子发表意见的机会 _033

"回家晚是帮同学补课了。"

——教育出诚实、不说谎的男孩 _036

我就是要跟你唱反调——正确处理男孩的对抗行为 _040

我很孤独

——引导男孩别封闭自己,轻轻叩开他的心门 _043

第4章 掌握青春叛逆期的教育要点,

选用恰当方法不和男孩较劲 _047

"我已经不是小孩子了。"

——转变教育男孩的思路 _049

每次都会吵起来——当亲子间发生矛盾后如何灭火 _052

能不能不要数落我——改变教育男孩的方式 _056

我就是不想跟爸妈沟通

——当男孩和你的关系开始疏远怎么办 _059

目 录

第5章 把握青春叛逆期的早恋心理，

引导男孩建立正确的恋爱观 _063

与女同学交往就是早恋吗

——理解青春期孩子的情感需求 _065

与异性交往的尺度——男孩与异性交往过密怎么办 _068

什么才是真正的爱——向男孩灌输正确的恋爱观 _071

"英语老师真好！"

——告诉男孩这是对老师的崇拜，而不是爱 _074

第6章 解开青春叛逆期对性的困惑，

引导男孩正确学习性知识 _079

什么是性——怎样和青春期男孩讲解性 _081

我是坏孩子吗——引导男孩正确看待性幻想 _084

我为什么会做那样的梦

——引导男孩别为性梦而苦恼 _088

乖男孩也会手淫——告诉男孩自慰有哪些危害 _092

"这些图片真刺激！"——告诫男孩远离色情暴力 _095

第7章 别让青春期在键盘上敲过，引导孩子正确利用网络 _099

抵抗不住的诱惑

——通过疏导，让男孩正确认识网络 _101

003

网络世界真精彩——如何引导男孩上网的三类行为 _104

我就是想上网——男孩上网成瘾怎么办 _108

青春期就不能上网吗——如何让网络成为有用的工具 _111

因为空虚才上网

　　——精神富足的男孩懂得迷恋网络的危害 _114

第8章　培养性格优点，好父母要给男孩的5个重要引导 _119

自信——赋予男孩自信心比什么都重要 _121

责任感——有责任的男孩才能成大器 _125

专注力——引导"毛毛躁躁"的男孩学会专注 _128

意志力——意志力就是男孩的成功力 _132

自主——培养有主见的男孩 _136

第9章　价值观养成：男孩要勇于担当，培养有出息的男子汉 _141

男孩开始"学坏"怎么办

　　——引导男孩树立正确的是非观念 _143

"我在为谁努力？"

　　—— 引导男孩认识人生是自己的 _146

目 录

"我不喜欢分享。"

——让男孩明白自私的人生是孤独的 _149

冷漠、没有爱心——引导男孩树立正确的道德观 _153

第10章 人生观引导：男孩要坚守信念，
　　　　培养勇敢乐观的人生态度 _159

"没有打不倒的困难。"

——乐观的心态是宝贵的资产 _161

"谁都比不上我！"——谦虚的男孩更知道进取 _164

"这不是我的责任。"

——敢于担当才是真正的男子汉 _168

"他是我的死对头！"——对手激励出真正的男人 _172

第11章 交友观修正：男孩要广交挚友，懂得分辨真朋友 _177

"他教我抽烟喝酒。"——引导男孩远离恶友 _179

"我要替哥们儿出口气！"——江湖义气害人害己 _183

"我讨厌他，他总比我优秀。"

——引导男孩学会欣赏同伴的优点 _187

"我和他打过架。"

——引导男孩心胸开阔，让友谊更长久 _190

第12章 叛逆期沟通：倾听孩子心声，让男孩对你敞开心扉 _195

消除"代沟"，与男孩成为亲密朋友 _197

批评男孩的艺术——适度批评，不可伤害男孩自尊 _201

表扬男孩的艺术——多提及男孩身上的优点 _205

认真倾听是有效沟通的开始 _208

参考文献 _212

第1章

走进孩子的心里，引导男孩度过青春叛逆期

随着青春期的到来，男孩的身体发育加快，在思维上也开始完善，他们开始思考自己、思考未来与人生，同时，他们会面临很多不解与困惑。此时，渴望独立的他们本能地想要摆脱这些困惑，于是，他们变得叛逆起来……一些父母一看到孩子出现与以往不同的举动，便会产生焦虑心理，甚至对孩子严加管教，实践证明，这种方法并没有太大的效用。其实，面对青春期孩子的逆反心理，最好的方法是蹲下身来，和孩子建立一种平等的朋友关系，理解、支持你的孩子，建立起真正的亲密关系，让孩子的世界真正接纳你！

第 1 章
走进孩子的心里，引导男孩度过青春叛逆期

男孩为什么会发脾气——男孩最渴望得到父母的尊重

家长的烦恼

梅女士的儿子小刚是某校一名初二男生。有一天，他正走在上学的路上，突然间，他想起了昨天晚上的作业忘记带了，于是急忙又掉头往家跑。当他掏出钥匙打开家门时，他看到妈妈正从自己的房间里出来，她脸上带着不自然的表情。小刚走进自己房间去拿作业本，他在推开房门后的一瞬间愣住了，（他）看到自己书桌的抽屉全都敞开着，自己的日记本、同学们送的生日礼物及贺卡等全都胡乱地（被）堆在桌子上。

小刚非常生气地质问妈妈："你为什么翻我的抽屉，随便动我的东西？"

没想到梅女士却比他还生气："怎么了？当妈妈的看看儿子的东西还有错吗？"

"可是你应该经过我的允许才能看啊！"小刚很愤怒地回答妈妈。

"小孩子有什么允许不允许的，别忘了我是你妈妈，好了，快去上学吧！"梅女士毫不在乎地对小刚说。

生活中，这样的场景并不少见，在不少父母看来，青春期是暴风雨般的季节，对于儿子的成长，一定不能忽视，于是，为了防止危险事件的发生，他们会偷看儿子的日记、检查信件、追查电话、查阅短信、翻查书包等，这些都是小事。他们认为儿子毕竟还小，他们这样做是在关心孩子，一切都是为了孩子的成长，防止孩子走入歧途，以免孩子一步走错步步皆错。

其实，父母看似关心男孩，而一些懂事的男孩可能会了解父母这样做的本意是出于对自己的爱护，但是，父母的这些行为，都是对男孩的不信任、不尊重，伤害了男孩的自尊心，让他们感到不舒服。于是，这些男孩对父母偷看他们日记、私拆他们信件的行为很反感，甚至有些男孩总爱在家中自己使用的抽屉上锁上一把锁，总之，父母和男孩之间横亘了一道鸿沟。

其实，青春期是叛逆的年纪，这个阶段男孩的自尊心比其他任何年龄段的男孩都要强，他们更渴望独立和别人的尊重。随着年龄的增长，他们对父母的依赖减少，独立意识逐渐增强，成人化倾向明显，希望别人尊重他们的自主性、独立性；同时，随着生活领域的扩大，知识信息的增多，他们的内心变得敏感起来，感情变得细腻起来，会产生许多想法，原先敞开的心扉渐渐关闭，有了自己的隐私；而且，即使他们有不少话想说，但观点已经与父母有所不同了，于是他们与父母的心理沟通就会明显减少，转而把自己的"秘密"和内心的感受都倾诉在日记里。

第1章
走进孩子的心里，引导男孩度过青春叛逆期

这时，如果父母采取强硬和蛮横的手段，想方设法去查看男孩的日记、偷听男孩的电话等，无视男孩的感受，随意侵犯他的隐私，很明显，男孩一定会产生一些负面情绪，比如发脾气，因此，有很多父母感到很纳闷，为什么孩子会发脾气？其实这是因为他们渴望被尊重。

心理支招

因此，家长必须要明白以下三点：

（1）要把男孩看成一个独立的人，而不是你的附属品或者专有物品。孩子是个人，不是物。他是人，他就有感情，就有他自己的行为方式，就有自己的独立人格，也有他的隐私权。

（2）青春期的男孩是未成年人，他们的一切都还处于可塑期。如果男孩从小就受到尊重，他便能懂得自尊，也会懂得怎样去尊重别人。那些对人彬彬有礼的男孩，肯定是在家里很受尊重的孩子；那些蛮不讲理、行为粗野的男孩，在家里，一定得不到他人的尊重，甚至常常受到伤害。所以，如果你想把自己的儿子培养成为高素质的人，成为有教养的人，那么，你首先要做这样的人。要让孩子尊重你，你便应当先尊重他。

（3）我们要用心观察男孩的成长。进入青春期的男孩，对成人的封闭性、对伙伴的开放性更显得突出，会有更多的隐私，这些"小大人"似的男孩尤其需要得到尊重。的确，人类最不能伤害的就是自尊。在家庭中建立亲情乐园，要从尊重男

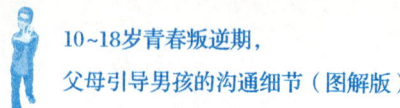

孩开始,让男孩有一种被保护的感觉,被幸福感包围的男孩,才会长成一个心理健康、懂得尊重的好男孩!

"我想离开这个家"——青春期的男孩更渴望自由

家长的烦恼

这天下班后,王先生还是和平时一样,开车来到儿子的学校,等候在大门口,希望儿子出来,但等了很久,都没看到儿子的踪影。

于是,他赶紧给儿子打电话,但儿子却关机了,他意识到儿子肯定是出事了,赶紧通知老师和妻子,希望大家帮忙找找,最后,王先生发现儿子一个人坐在学校篮球场的角落里。

王先生和妻子纳闷儿了,为什么儿子不回家呢?后来,在沟通中,王先生才明白是因为自己的家教太严了,总是不许儿子这样,不许他那样,十几岁以前,儿子确实是个听话的男孩,但青春期的到来后,儿子觉得这样的管教让他很窒息,他甚至觉得家就像个牢笼一样,所以他害怕回家。

王先生很苦恼:青春期的孩子到底该怎么教育?

在这个案例中,王先生的儿子为什么不想回家?因为家对

第1章
走进孩子的心里，引导男孩度过青春叛逆期

于他来说就是束缚。生活中，我们每个人都需要自由。其实，我们的儿子也是一样，如果我们束缚住男孩的手脚，不许他做这个，不许他做那个，对他的一切大包大揽，那么，男孩会感到窒息，他的一些优良的个性和心理品质也会被压抑。而随着孩子慢慢长大，进入青春期，他们的自主意识也越来越明显，对于无法自由呼吸的成长环境，他们一定会反抗，那么，亲子关系势必会变得紧张起来。每个青春期的男孩最渴望的就是得到父母的理解，于是，我们发现，很多青春期男孩举着"理解万岁"的大旗高呼"父母不理解我"、渴望自由。每个男孩都希望生活在一个民主型的、和睦的家庭中，这样的家庭才是一个温暖的归属港湾，当家庭不和睦时，孩子就会"有被抛弃感和愤怒感；并有可能变得抑郁，敌对，富于破坏性……还会常常使得他们对学校和社会生活不感兴趣"。

可见，任何一个男孩，都希望得到父母的认可和尊重，希望父母承认自己已经长大，并能够处理一些自己的事情，希望得到更多的空间，而更多时候，家长往往仍把他们当成小孩子，所以对他们仍抱有一定的不信任态度。有些男孩一旦发现这样的情形，便会觉得自己被父母轻视，小看了。这往往会打击他们的积极性，也会使他们对长辈产生半敌视心态。

作为父母，我们要记住的是，孩子也是独立的个体，而不是我们的私有财产。那么，怎样才能给孩子提供一个足够自由的空间呢？

心理支招

1.不要剥夺男孩独处的机会

你要知道,青春期的男孩已经是半个大人了,他们完全可以照顾自己,可以独立处理一些问题,因此,我们千万不可强行控制他们,否则,很容易引起他们的反感。例如,在男孩独自外出之前,我们一定要与男孩订立安全协议,如要在晚上十点之前回家;遇到问题要给爸妈打电话等。

2.相处时,把主动权交给男孩

一般来说,青春期的男孩不想与父母一起,还是因为他们不希望周围的人把自己看成是孩子,看成是父母的附属品,为此,我们应解除男孩的这种心理负担,比如,应该让他自己决定今天去哪里、做什么等。这样,他会感受到父母重视自己的意见,他们渴望独立的这种心理被理解了,自然,他们也就乐意和父母一起享受天伦之乐了。

3.不要过度保护男孩

任何一个男孩的成长过程虽然是充满恐惧的、战战兢兢的,但也是充满乐趣的。他们会摔跤,但作为父母,我们不能扶着他走,因此,如果你的儿子想尝试,那么,你应该鼓励孩子,让孩子有尝试的勇气,而不是这样说:"算了,多危险,不要做了。""小心点,你会伤害自己的!""你不能做这个,太危险了!"这样,男孩即使想尝试,也会被你的提醒吓

第1章 走进孩子的心里，引导男孩度过青春叛逆期

退的。

4.在情况允许的情况下，让男孩自由支配时间

虽然你的儿子还小，但我们也应该尊重他，让他有一些自己独立支配的时间，比如，晚上空余时间，男孩想睡觉，还是看书等，我们不要干涉。

总之，任何一个男孩，他的成长都需要自由的空间。自由就好像空气一样，在男孩成长的过程中，假如没有自由，他们是无法获得健康、快乐的。因此，要想使青春期的男孩成长得更快，我们就需要给他提供足够的自由空间，而不要限制他的自由。

"我是独一无二的！"——青春期男孩应该如何着装

家长的烦恼

这天早上，丁丁以一身奇特的造型来到教室：一双军靴，一条破洞牛仔裤，一件露肩马夹，再加上一顶鸭舌帽，两颗超闪耳钉，丁丁觉得自己穿上这些以后酷毙了。

过了会儿，他的几个哥们儿来了，丁丁摆了个姿势，问："怎么样，我这身，酷不酷？"

"太酷了，简直是酷毙了，你知道，丁丁，我们班很多男

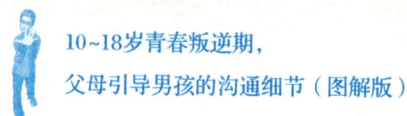

生都以你为榜样呢，你的穿着打扮很时尚，只可惜，我的衣服都是妈妈买，哪敢这么穿？"

"怎么不敢，我们都是大人了，穿衣服就要有个性。"

过了会儿，老师来了，听到他们的谈话，老师说："你们虽然还是在慢慢长大，但穿着打扮必须符合自己的年龄，另外，个性，也不一定非要一身非主流装扮啊，我知道，你们这个年纪，都希望自己引人注目，但什么是真正的个性，你们知道吗？怎样穿才合适，恐怕你们也不知道。"

随着时代的发展，物质生活水平的提高和价值观的多元化，跟上"时尚"与"潮流"的步伐也已经不是成年人的专属，很多未成年的青春期男孩，也纷纷把追逐时尚作为重要的人生内容。

如今在街上，到处能看到一些"非主流"装扮的男孩，有些还只是初中生，刚刚进入青春期。

青春期的男孩已渐渐发育，并开始注重自己的外貌和装扮。这些青春期男孩的一大特点就是喜欢一些惹眼的装扮，让人一眼就能从人群中分辨出自己来。

作为父母，我们要让男孩知道，青春期是人生发展中的一个重要时期，要追求个性可以通过更积极的方式，而不是通过服装。如果他们把过多的精力放在穿衣打扮上了，在学习方面就会放松，甚至会因此耽误学业。抱有这样一种浮躁的心态，

第1章 走进孩子的心里，引导男孩度过青春叛逆期

又怎能搞好学习呢？

另外，青春期也是审美观、服饰观形成的阶段，奇装异服只能显露你的不成熟和审美偏差。

再者，青春期应该追求的是内心的充实，培根说："人一旦过于追求外在美，往往就放弃了内在美。"你知道吗？生活中，有些男孩为了得到想要的衣服，想方设法掏空父母的钱包，或是见别人穿得"漂亮"了就妒之、恨之。更有甚者，由于经济不支却又盲目赶时髦，于是铤而走险，采取不正当的手段，骗取、偷窃家人或其他人的财物，铸成大错。

不得不说，"爱美之心，人皆有之"，这并不是女孩专属的口号，男孩也不例外，每个男孩都希望自己可以打扮得阳光、帅气一点，每当穿上新买的衣服，心里总是美滋滋，走起路来也特别有神气，但青春期男孩一般都是学生。他们正在求学的时期，又没有经济收入，穿戴方面不宜赶潮流、追时髦，只要衣着整洁，朴素大方即可。

为此，我们父母应该让青春期男孩记住以下几点着装要求：

（1）要干净整齐，不能邋遢有异味。

（2）不能穿背心，更不能光膀子。

（3）不能穿拖鞋，更不能打赤脚。

（4）不能戴有色眼镜。

（5）衣服扣子要系好，不能敞胸露怀。

（6）不能穿戴和学生身份不符的奇装异服。

（7）不要染发、打耳钉、不需要盲目和同学攀比、追求名牌。

爱美是一点儿也没错的，但人的打扮一定要得体，要适当。不同年龄、不同身份的人有不同的形象要求。总之，我们父母要让男孩明白的是，青春期本身就是美丽的，不需要任何刻意的修饰，青春期也需要理智地对待身边的发生的事，这样，男孩的青春期才会过得纯洁、快乐！

"我有时开心，有时烦闷。"
——青春期具有情绪多变性的特征

家长的烦恼

杨先生在一家私企当主管，手下管着几十号人，所以，工作很繁忙，免不了回到了家还带着在单位工作的情绪。

这不，他回家看见妻子还在看电视不做饭，就有点不高兴了："你怎么不做饭？小磊一会儿回来饿了怎么办？"

"我怕我做饭了，你们父子俩又不合意，那不找骂吗？"妻子一脸委屈的样子，他也就没说什么了。

"爸妈，我饿了，怎么还不做饭？"这时，小磊正好回来了。看见爸妈没做饭，不高兴了，一把把门摔上，看自己的书

第1章
走进孩子的心里，引导男孩度过青春叛逆期

去了。

"这孩子怎么了，现在怎么脾气这么坏了？小时候可不是这样，越长大越不好管了啊？我去跟他评评理，这是什么态度？"杨先生很是生气，正想冲进儿子的卧室，教育儿子一下，被妻子一把拉住。

"孩子这个年纪，情绪不稳定是正常的，我们大人也不例外，你刚刚回家，不也是这样吗？我们要理解呀……"杨先生觉得是这么个理儿，火也就消了。

男孩到了青春期，情绪变化得会更快，青春发育期作为一生中发育最迅猛的时期，（生理变化包括形态上）生理、心理都在急剧变化，特别是生殖系统的突变，会给青春期的男孩带来不少暂时性的困扰，同时，他们要求独立的意识也随之加强，于是，这时，男孩会像一匹脱缰的野马，那些情绪也随之四处乱撞。可能刚刚那个还那么活泼开朗的孩子一下子就变得闷闷不乐、喜怒无常、神神秘秘了。

儿子长大了，很多父母知道为孩子增加丰富的食物营养，却不太注意这个时期的儿子内心世界的变化和需要，对于男孩多变的情绪，也无从理解，这导致最终儿子与自己的距离越来越远，也会很容易产生父母子女关系的对抗，很多男孩发出感叹："为什么爸妈不理解我？"

因此，当孩子进入青春期以后，父母要体贴和帮助儿子，

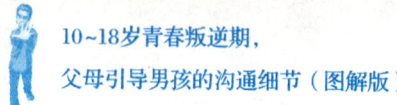

要对儿子身心发展的状况予以留意,对他们某些特有的行为举止要予以理解并认真对待。认识到青春期的特点、理解他,才能和儿子做朋友,帮助儿子度过这个"多事之秋"!

那么,当你们对男孩的情绪予以理解以后,父母又该怎样帮助儿子顺利梳理好情绪呢?

心理支招

1. 做好表率,在生活中多寻找情绪的出口

家庭气氛的融洽与否,直接关系到青春期男孩的情绪自我控制能力。如果在一个家庭中,父母脾气暴躁,动不动就大发雷霆,那么,是培养不出一个自我情绪控制良好的男孩的,因为父母解决问题的方法、对他人的态度会潜移默化地影响孩子,男孩从他们身上接纳的会是消极的处事策略,久之,好发脾气、我行我素等不健康的个性就会在男孩身上显现。所以,在家庭教育中,父母要想成为儿子的朋友并用自己的言行积极地影响他,就必须首先做好自己,当你要发脾气之前,想想身边的孩子,控制住自己,换一种方式解决问题;也为自己找个情绪的出口,当你的脾气难以克制,已经发出之后,对身边的男孩说声:"对不起,爸爸错了!"

2. 告诉男孩"降温处理法"

作为父母,当你的儿子产生情绪后,你不妨先不理他,这既可以让你自己先冷静下来,也给了他一个考虑的时间,既避

免了在气头上把本想制止他不听话的行为变为"不信我就管不了你"的较量和在他身上发泄怒气,也不给他因"火上浇油"造成继续发作的机会。

其实,这是一种心理惩罚,他会发现,自己的这种情绪完全是没有道理的。当男孩的情绪"温度"被降下来以后,你再告诉他你这样做的目的是不让他冲动,然后让他也学会这种情绪调节的方法,以此帮助他提高自我制约能力。

3.培养男孩理智的个性品质

每个男孩与生俱来都有着不同的个性特点,但不管哪一种个性的形成都是一个渐变的过程。有些男孩把什么都挂在脸上,做事冲动,情绪易怒等,如果父母对于男孩的这种个性品行听之任之,那么,男孩就会把父母的容忍当成武器,而如果父母在生活中能够对孩子晓之以理,让他从各个方面了解做事情绪化的危害,那么,男孩也就能慢慢学会控制自己的情绪,逐渐变得理智、成熟起来了。

以上是几个简单的能帮助青春期男孩调节情绪的方法,总的来说,父母和男孩做朋友,用理解、劝导的方式来指导他们,他们一定可以快些度过这一情绪多变期!

第2章

做儿子的"消防员",疏导青春躁动的负面情绪

每个男孩进入青春期后,随着身体的发育,他们的心理也发生剧烈变化,他们有着敏感的神经,这种敏感针对于他们周围的每一个角落,他们可能动不动就发脾气、自尊心强、爱攀比、总是和父母顶嘴等,此时,我们父母决不能用言语暴力去激化矛盾,而应该在孩子的这一极端时期扮演"消防员",应该放下架子,主动和孩子聊天,了解他们的心理状况,如果发现问题,最好以建议的方式引导他们,通过关爱孩子给予孩子稳定感,帮助你的孩子疏导青春期的种种情绪!

易冲动——青春期男孩的自控力差、攻击性强

家长的烦恼

这天,王先生被学校老师叫到了学校,原来,他的儿子王飞跟体育老师起了点冲突。

这天下午,天气很好,在第6节课的上课铃响了之后,陆陆续续地只有十几个学生来到操场上集合。体育老师面对这种情况,就叫体育委员去班上把其他学生叫来。慢慢地,其他人都来了。但此时,王飞还在远处的沙坑边上跳远。体育老师用力吹了几下哨子,王飞才小跑过来。

在王飞快要站回队伍时,体育老师喝道:"站住!"并用眼神狠狠地盯着王飞。

"你没听到老师吹哨子吗?为什么还慢慢地、大摇大摆地过来?"老师问,王飞没回答。

看到王飞没反应,体育老师一下子火就上来了,打了王飞一巴掌,这下子王飞也被激怒了,居然也要动手,旁边的学生见状,迅速上前把王飞和体育老师两个人拉开。

可以说,王飞和老师的冲突的确是两人都有错,教师向学

生发火,有他不对的一面,但作为学生的王飞,他的行为也是不合适的。

其实,青春期的男孩相对于其他年纪的男孩来说更容易冲动,处于叛逆期的他们,一旦遇到什么事,就很容易血液上涌。作为父母,我们要了解青春期男孩多变的情绪特征,并帮助他们梳理情绪,因为冲动是魔鬼,如果任凭男孩发泄自己的负面情绪,那么,他必定会一败涂地。我们要帮助男孩做到自制,帮助他学会理智思考并控制自己的不良情绪。

毕竟,人生漫漫,任何人都不要让自己输在心态,心态决定人生,也决定了人的生活方式,懂得自制,能控制自己的情绪,就能控制由冲动带来的一系列恶性情绪反应。心情好,就什么都能做好。对于青春期的男孩来说,他们必须学会控制自己的冲动情绪,因为收获一种健康心态极为重要,对此,我们父母可以教导男孩掌握以下几种控制冲动情绪的方法。

心理支招

1.转移

转移的含义就是,冲动的时候,应把注意力转移到那些能让你高兴的事情上去。

2.分解

任何烦恼都可以分解,然后将这些分解后的问题一个个解决,那么,那些看起来无法解决的烦恼也就自然迎刃而解了。

3.弱化

其实,那些令人无法释怀的烦恼并不是什么原则性的问题,你把问题看得太重,它又怎么轻得了?

4.体谅

你在为别人的错误而生气吗?生气就是对自己的一种惩罚,原谅了别人也就饶过了自己。另外,可以将对方看作一个客观存在的事物。

5.解脱

这就需要你跳出当前令你烦恼的问题,站在另一个角度看,你会发现新的角度,能让你对问题作出新的理解。塞翁失马,焉知非福,就是经典的解脱思维。

总之,作为父母,我们要理解青春期的男孩,他们的情绪容易冲动,但我们要让男孩记住,态度决定一切。也就是说,让他们记住冲动的情绪往往会让一切事情都变糟糕。即使遇到了好事和良机,不良的情绪也会使自己产生出无形的压力,使自己的能力无法充分发挥而错过这些机遇。

脾气暴——男孩遇到不顺心的事就暴躁易怒

家长的烦恼

这天,工作忙得焦头烂额的林太太居然接到学校老师的电话,被叫到学校,原来是儿子在学校闯祸了,可是令她不解的是,儿子一直很乖,连和人大声说句话都不敢,怎么会闯祸呢?

匆匆忙忙赶到学校,林太太才问清楚情况:原来是班上有些男生挑事,说林太太的儿子小强是"胆小鬼"。老师告诉林太太,班上传言,小强喜欢某个女生,但一直不敢说,这些男生就拿这件事嘲笑小强。而小强则因为这件事很生气,于是大打出手,体型高大的他把这几个男生都打得鼻青脸肿。

"我的孩子怎么了?"林太太很是不解。

案例中,一向乖巧的小强怎么会突然这么容易被激怒而向同学大打出手?日常生活中,如果我们被人叫作"胆小鬼",兴许我们会生气,但绝不会太过情绪激动而做出一些伤人害己的事。

可能很多父母发现,当我们的儿子进入青春期后,我们的儿子的脾气就异常火爆,稍微遇到一些不顺心的事就会发脾气,有些父母在不了解男孩情绪特点的情况下,教训男孩,让青春期男孩的叛逆更突出,亲子关系更紧张。

实际上,青春期是一个负重期,作为青春期的男孩,他们至少面临着三方面的压力和挑战:

其一,身体正在急剧发育,使他们积蓄了大量能量,容易过度兴奋。

其二,学习上的任务很重,面对激烈的竞争,心理压力普遍比较大。

其三,随着年龄的增长,他们渴望对外部社会有更多的了解,人际交往也逐渐增多,各种各样的信息纷至沓来,这就使他们需要处理的问题越来越多,越来越复杂。每个青春期的男孩的血液里都流淌着亢奋的血液,青春期的他们把什么都挂在脸上,不像成年人那样善于控制自己,常常喜怒皆形于色。在与人交往的过程中,一旦产生矛盾,他们就很容易爆发,这也就说明为什么很多青春期的男孩总爱发脾气。

可见,作为父母,我们只有了解青春期孩子情绪的特点,才能和他们做好沟通工作,帮助他们控制并合理宣泄不良情绪。

心理支招

要帮助男孩控制自己不要乱发脾气,我们父母可以从以下两个方面努力:

1.告诉男孩发火前长吁三口气

你要告诉男孩:"发火前长吁三口气。"事实上,很多事情都完全没有想象中那么严重。如果不学着控制自己的情绪，任着性子大发脾气，不仅解决不了问题，还会伤了和气。

2.告诫男孩学会正确地宣泄自己的情绪

青春期的孩子是脆弱的、敏感的、容易受伤的，即使是男孩，他们也会悲伤沮丧，此时，你可以告诉他，不妨哭出声来。在很多青春期的孩子看来，一个坚强的人就始终不应该哭，哭是懦弱的，而其实并不是如此，在过度痛苦和悲伤时，哭也不失为一种排解不良情绪的有效办法。哭不仅可以释放身体内的毒素，还能释放能量，调整机体平衡。在亲人和挚友面前痛哭，是一种真实感情的爆发，大哭一场，痛苦和悲伤的情绪就减少了许多，心情就会痛快多了。流眼泪并非懦弱的表现。所以你可以告诉男孩，你该哭当哭，该笑当笑，但要把握好一个度，否则会走向反面。

总之，我们父母要明白，青春期是男孩心理波动较强的时期，在这个期间，可能儿子的心理承受能力比较差。我们要认识男孩的情绪，并帮助他们控制自己的情绪，只有这样，我们的儿子才能始终保持稳定的情绪！

第2章
做儿子的"消防员",疏导青春躁动的负面情绪

虚荣心——帮助青春期男孩克服虚荣心

家长的烦恼

强强12岁了,从小就很喜欢武术,所以父母就让他学习武术特长,但是,他也是个十分"奢侈"的孩子,他穿的衣服不是"耐克"就是"阿迪达斯",用的也都是名牌产品。总而言之,从头到脚都是名牌。有些时候父母给他买来的不是名牌的衣服,不管多好看,他都一概不穿,还为此哭闹了很多次。

父母对他这点也十分头疼,实在不明白为什么孩子这么小就如此热衷于名牌,而强强的理由就是:"让我穿这些,我怎么出去见人啊?我的同学都穿名牌,我要是没有,人家会笑话我的。我不穿,要不我就不去上学。"

不仅如此,强强还"逼"着爸爸给他买笔记本和高档手机,原因也是"同学都有"。

其实,像强强这种现象,在青春期男孩中早已不是特例,尤其对于那些家庭环境优越的孩子,他们从小就穿名牌衣服、吃优质食品、玩高档玩具,于是,进入青春期后,便学会了互相攀比。

其实,很多时候,男孩的虚荣心,和家庭以及父母的教育有很大的关系。现在许多父母溺爱自己的儿子,认为只有一个

孩子，又有经济承受能力，所以舍得买高档玩具、流行服装给孩子。有些父母不注意男孩的修养和教育，喜欢在吃穿打扮、玩具图书等方面与他人攀比，甚至给男孩大把零花钱以显示自己的富有和与众不同。他们总喜欢讲自己儿子的优点，在亲朋之间炫耀自己的儿子，亲朋为了礼貌也都讲孩子的优点，孩子在生活中听到的一直都是一片赞扬声，因为很少有人讲孩子的缺点。家长对男孩一味"吹高""捧高"，让男孩在一片赞扬声中长大，从不受任何挫折，这样也就慢慢形成了男孩的虚荣心。

我们不能否定的是，比较是很正常的心态，每个人或多或少都有攀比心，包括成人。有时候这种心态的存在可以促使人去努力、去奋斗，从一定意义上说，攀比心是促进人前进的动力，良性的比较能使人奋发，但作为青春期男孩自身，如果不克服自己的虚荣心，很容易误入歧途。

那么，作为父母，我们该怎样帮助青春期男孩克服虚荣心？

心理支招

1.以身作则，提高自身审美情趣，为男孩树立榜样

青春期的男孩虽然已经有独立的意识，但很多行为观念还是耳濡目染的，尤其在审美情趣上，如果父母也盲目追求名牌或者奇装异服等，男孩自然上行下效，但是，妈妈如果告诉儿子："这件衣服虽然不贵，但穿在你身上还是很好看的！"这

样，男孩就会认为，衣服不一定贵才好看。

另外，现在很多家长有炫富心理，认为现在生活条件好了，不必省吃俭用了。孩子是自己的招牌，让孩子吃好、穿好，面子自然就有了，其实，这也是对孩子的一种误导。

2.避免物质生活过于奢华

人们贪念的形成，多半都是从物质上开始的，有了点钱就想更有钱，住了房子就想住别墅等，同样，很多青少年身上也有这样的缺点，总是想吃高档食物，总是要买名牌衣服，而假若你从小就注重生活的节俭，还怎么会有这样的性格缺点呢？

3.帮助男孩充实内在，淡化虚荣心

有些父母认为，男孩在青春期的主要任务就是学习，当然，这是正确的，但青春期，也是男孩人生观、价值观的形成期，作为父母，不要把注意力只放在提高男孩的学习成绩上。只有充实孩子的内心世界，他才不会盲目与人攀比，比如，你可以为孩子购买一些能充实孩子内心的书籍，这样，男孩就不是一个"绣花枕头"，通俗上说，男孩很爱看书，自然也就不会整天琢磨外表或其他的事情了。

总之，虚荣心人人都有，但作为青春期的男孩，如果不经父母的帮助和指点，就很容易会因虚荣心而误入歧途。因此，家长要引导男孩，帮助男孩充实自己的内心，这样，你的孩子一定会健康地成长！

嫉妒心——青春期男孩容易患上"红眼病"

家长的烦恼

一年一度的学生年度表彰大会又来了,很多家长也都如约而至。陈女士就是其中一位,而且,她的儿子阳阳是这次受表彰的学生之一。令陈女士感到高兴的是,儿子一直是同学和朋友中的佼佼者,这次,在他那些死党中,儿子也是唯一的受表彰者。原本,陈女士担心,儿子的这些朋友会因此而不高兴,但在会上听到这段对话后,她心里的一块大石头终于落下了:

阳阳好奇地问同桌晓晓:"你不讨厌我吗?"

"我为什么要讨厌你?你是我最好的朋友啊。"

"我的意思是你应该讨厌我,每年这个时候我都不愿意参加表彰大会,因为我怕在我拿奖的那一刻会失去很多朋友。"

"你认为我牛晓晓是那样的人吗?我心胸宽广,那种小肚鸡肠的嫉妒心理我是没有的,放心吧。你拿奖,受表彰,我应该替你高兴嘛,我朋友优秀,我心里也高兴得不得了。"

听完晓晓的话,另一个男孩也开玩笑说:"真正的朋友就是有福同享有难同当,你的荣誉就是我们的荣誉嘛,那今天晚上阿姨肯定会给你做大餐,我有口福了。"大家都笑了。

在领奖台上,阳阳说:"感谢我的老师、爸爸妈妈,还有我最铁的几个朋友,我感谢他们的理解,我们要一起努力……"

第2章
做儿子的"消防员"，疏导青春躁动的负面情绪

晚上阳阳回来后，陈女士已经准备好了庆祝的晚饭，看着这些可爱的孩子们，她感到很欣慰。

我们每个人都生活在一定的人际范围内，常常都会不自觉地与他人作比较，但当发现自己在才能、体貌或家庭条件等方面不如别人时，我们就会产生一种羡慕、崇拜、想要奋力追赶的心情，这是有上进心的表现。但有时也会产生羞愧、消沉、怨恨等不愉快的情绪，这后者就是人的嫉妒心理在作怪。

青春期是个需要朋友的年纪，青春期男孩也慢慢成为一个社会人，青春期是为友谊劳心劳力的年纪，每个男孩都有几个朋友，但似乎这些孩子间都有一个威胁友谊的最大杀手——嫉妒，因为在同龄的孩子之间，往往免不了竞争，因此，很多男孩在面对比自己优秀、比自己成功的朋友时，就会心理不平衡，"和他做朋友，感觉自己像个小丑一样，自己简直是他的附属品"，这种心理很多孩子都有过。

作为男孩的第一任老师，父母在培养孩子健康的竞争心态上起着极为重要的作用。在培养孩子竞争意识的过程中，也应让孩子明白，竞争不应是狭隘的、自私的，竞争的同时应具有广阔的胸怀；竞争不应是阴险和狡诈，暗中算计人，而应是齐头并进，以实力超越；竞争不排除协作，没有良好的协作精神和集体信念、单枪匹马的人是孤独的，也是不易成功的。

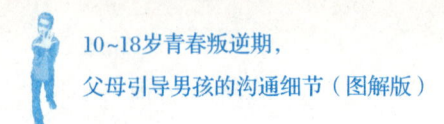

心理支招

1.引导男孩发现别人的长处和不足

如果你能引导你的儿子以这样的心态面对比自己优秀的朋友或者同学，你的儿子不仅能学会用客观的眼光看自己和对方，也能弥补自己的不足，这样，就不至于为一点小事钻牛角尖，还能交到帮助自己成长的真正朋友。

2.教育男孩在竞争中要学会宽容

现实生活中，部分在竞争中失败的男孩，往往会流露出不高兴的情绪，会对对手充满敌对情绪，这点也反映出这些孩子还未能积极、正确地面对竞争，这就要求我们在培养儿子竞争意识的同时，也要提高孩子的竞争道德水平，教育他在竞争中要学会宽容。让他明白竞争不应该是狭隘的、自私的，竞争者应具有广阔的胸怀。

3.教孩子在竞争中合作

竞争越是激烈，合作意识就越是重要。唯有竞争没有合作只能造成孤立，带来同学关系的紧张，给自己平添许多烦恼，对生活和事业都非常不利。

比如，你可以告诉孩子："这次足球赛中，××队的确赢了，但你发现没，他们这个团队合作得非常好，实际上，你所在的团队每个队员都有各自非常好的优势，但却有个缺点，那就是你们好像都只顾自己，这是团队比赛中最忌讳的。"

总之，作为家长，培养男孩的竞争能力，就要让男孩明白只有与嫉妒告别的人，才有可能获得最后竞争的胜利，取得优秀成绩。

第3章
解析青春叛逆期的行为,引导男孩克服叛逆和不驯

男孩到了青春期,便不像童年时那样听话了,他们的独立性大大增强,他们更渴望投入成人角色中,要求独立、得到尊重,他们开始营建自己的"小天地",不愿意依赖父母,甚至出现心理闭锁,尤其是不愿意与家长沟通,这无疑会让身为父母的我们感到苦恼,其实,我们需要掌握一些引导他们的方法,真正走入男孩的世界,用心体会男孩在青春期的风云变化,理解他们,这样才能让男孩真正接纳你、愿意与你敞开心扉!

给你买的新衣服，
试一下？
不想穿！
我给你报了一个补习班，
你周末去上课。
不想去！
××辅导班
报名表
难道我们的教育
方法出错了？
以前那么听话的
孩子现在怎么了？
我不想爸妈
不经我同
意，就
为我做
决定。

"我也有说话的权利。"——给孩子发表意见的机会

家长的烦恼

这天,儿子放学回家,进门就把书包丢在桌子上,然后对着在厨房做饭的妈妈嚷嚷:"妈,从明天开始,我不去学校了,你别劝我!"

妈妈是个温和的人,她不像丈夫那样火暴脾气,她知道儿子肯定是受了什么委屈。

"为什么不去呢?"

"没什么,感觉不大舒服。"

"不舒服,哪里不舒服?怎么不早点请假回来呢?"

"不想耽误学习啊,你别问了,反正我不去。"其实,妈妈是聪明的,儿子说话这么有力气,怎么会身体不舒服,一定另有隐情。

"可是,今天不舒服,明天不一定不舒服啊,要不,妈妈带你去医院吧。"妈妈在说这话的时候,故意露出一点笑容,儿子明白,妈妈看出端倪了,于是,他只好说:"妈,你儿子是不是很没用啊?"

"怎么这么说,我儿子一直是最棒的,有最棒的体格,最

棒的学习能力，待人温和，还疼妈妈。"

听到妈妈这么说，儿子笑了，主动招出了今天遇到的事："妈，今天老师叫我们写一篇作文，我拼错了一个字，老师就嘲笑了我一番，结果同学们都笑我，真没面子！"

此时，妈妈没有说话，只是搂着伤心的儿子。儿子沉默了几分钟，从妈妈怀中站了起来，平静地说："谢谢你听我说这些事，我要去公园了，同学们还等着我呢。"

从这个故事中，我们看到一对母子间的和谐关系。可见，懂得和儿子沟通的父母，绝不会不给男孩说话的机会。

任何父母，都希望自己的儿子把自己当朋友，尤其是青春期男孩的父母，他们更希望儿子能向自己吐露心声，但事实上，我们看到的却是很多父母和男孩之间上演的口水战，一些男孩因为父母剥夺自己说话的权利（或机会）而和父母争论。久而久之，一些男孩也不再愿意与父母沟通了。而聪明的父母都会引导男孩发表自己的意见，让孩子畅所欲言。

其实，不仅是青春期，男孩自打出生时，就有要发表意见的要求，比如，用手去触摸自己喜欢的东西，不喜欢有些长辈抱自己时，就大声地哭闹，对于此时男孩的这些行为，父母一一接受了，可是随着年龄的增长，父母为什么又把这种自主权搁置了呢？压制男孩发表意见，就是压制他的主见，这对男孩的成长是极为不利的，会让青春期的男孩关上自己的心门，不愿与父母交流。

其实，孩子要求发表意见、要求自主的意识是随着年龄的增长越来越强烈的，父母要给予孩子的是尊重，给他发表意见的机会，而不能压制。

心理支招

1.不要压制男孩的想法

即使男孩的看法与大人不同，也要允许男孩可以有自己的想法。父母应考虑到他的理解能力，举出适当的事例来支持自己的观点，并详细地分析双方的意见。父母不压制男孩的思想，尊重儿子的感觉，儿子自然会敬重父母。

2.支持男孩在小事上自己拿主意

家长可以支持男孩自己管理自己，并提醒他界限何在。当男孩做选择时，他觉得自己的确享有主导权，这一点会令他开心。

3.父母保持适当的权威

许多家长也许在自己的孩童时期，所接受的教养方式是极端专制的，父母说一，他们绝不敢说二，所以，他们从未享受过发表自己意见的权利。于是，他们延续了这种教育方式。而如果男孩所争取的是对他自己的自主权，而不是对父母的或其他人的管理权，那么他的要求就没什么不对。父母应将大人的权力保留在适当范围内，别将它过分延伸到男孩身上。但同时，也要让男孩尊重父母的权威。

事实上，任何一个男孩，从襁褓时期对父母完全的依赖，到发展自我意识、建立自信、试验探索，终于长大成一个独立的成人，这都需要主见的培养，要想男孩有主见，父母可以遇事问他的看法和想法，不管是学校的事还是家里发生的事，报纸上登的事，或者是路上看到的事，包括爱吃什么，爱穿什么，爱玩什么都要问他的意见，这样，不但能让他学会独立思考，还能让他感受到被尊重，也能拉近亲子间的关系，让儿子对我们敞开心扉。

"回家晚是帮同学补课了。"
——教育出诚实、不说谎的男孩

家长的烦恼

周五这天晚上，小宁到七点还没回家，宁先生和妻子很着急，他们给小宁最好的同学打了电话，小宁也不在那，正当他们去学校寻找儿子时，小宁气喘吁吁地回来了。

"怎么这么晚才回来，你知道爸妈多担心吗？"宁先生问儿子。

"哦，我去大军家补课了，课堂上有几个知识点没搞懂，就问了问他。"小宁对爸爸说这句话的时候，都没敢看爸爸的眼睛，而宁先生也明白，儿子在撒谎，因为他们刚给大军打过电话。

但宁先生并没有点破儿子的谎言，而是说："小宁，爸爸妈妈知道，现在的你已经是大孩子了，很多事都能自己处理，但爸爸妈妈希望我们之间能做到敞开心扉，你能把我们当成真正的朋友，有些问题即使你自己解决不了，还有我们呢。"

小宁知道爸爸话里的意思，于是，他只好承认了事实：原来，他这次考砸了，老师在放学后把他留了下来，和他好好谈了谈，就回来晚了。

现实生活中，可能不少父母都为儿子经常撒谎的行为感到苦恼：以前的儿子乖巧听话、什么都跟父母说，为什么现在学会了撒谎了呢？

的确，诚实是做人的原则，是一种正直的品格，历来受人推崇。莎士比亚有句名言："质朴比巧妙的言辞更能打动我的心。"爱默生曾说："诚实的人必须对自己守信，他的最后靠山就是真诚。"任何父母，也都希望自己的儿子是个诚实的人，那么，为什么一些青春期的男孩会撒谎呢？从故事中的小宁身上，我们能看出来的是，他是为了逃避责任。

那么，我们该怎样培养诚实的男孩呢？

心理支招

1.防微杜渐，让男孩认识到不诚实行为的危害

我们可以告诉男孩这样一个故事：

有位美国学者，为了给自己的某个研究找素材，他来到了某监狱，并采访了50个罪犯，最后，他发现了一件有意思的事。

有一个罪犯在坦白自己是怎么走上犯罪这条道路时这样说：

"我是从撒谎开始走向犯罪的。"

"那你为什么要撒谎呢？"

"小时候，家里面兄弟姐妹好几个，有一次分苹果吃，其中一个苹果又大又红，我们都想要那个大红苹果。我对妈妈说：'妈，大的红苹果给我吃。'妈妈瞪我一眼说："你不懂事，你怎么带头吃大的呢？"当时我观察发现，谁越说要，妈妈就越不给谁，谁不吱声或说了反话，谁就最有希望得到。这时我就撒谎说：'妈妈，我就要最小的苹果。'妈妈说：'真是个好孩子，就把大苹果给你。'说假话可以吃到大苹果！啊，越想要就越不说，到时候，你"表现好"就可以得到。我为了吃大苹果，所以就说假话。"

的确，一次次小的撒谎行为可能就酿成整个人生的悲剧，这些罪犯之所以会走上人生的错误之路，就是从小小的谎言开始的。

2.告诉男孩凡事要诚实，不要敷衍任何人

要做一个诚实的人，因为只有诚实才能看清自己的未来，

触摸到幸福。生活中，我们要告诉男孩，无论是对待老师，还是同学甚至是家长，都要做到诚实面对，凡事做到问心无愧，你一定会成为一个正直的人。

3.帮助男孩和父母、老师、同学建立相互信任的关系

生活中，我们发现有这样一些男孩，他们会向父母谎报成绩，向同学骗钱，长此以往，他们越来越喜欢欺骗别人的感觉，而周围的人也开始不愿意相信他们，这最终会影响到男孩们优秀的品质的养成。因此，我们若希望男孩成为他人眼中值得信任的人，就要告诉他们必须诚实面对他人，也面对自己的内心，有时候，与其承受撒谎的内心煎熬，还不如坦诚告知。

4.及时纠正男孩的不诚实行为

人都犯过错，包括撒谎。也许你的儿子曾经也为了逃避一次罪责，为了获得某件东西而撒过谎，但你一定要帮助他认识到这些行为的错误性，让其主动找对方道歉，当男孩敞开心扉后，他的内心必定会畅快很多。

总之，我们要让男孩明白的是，一个杰出的、具备高素质和高能力的男子汉，必须信守诺言。人在少年时一定要赶快积累知识和财富，但同样也要注重德行的修养。诚信是人生最大的美德，它像一根小小的火柴，燃亮一片心空；像一片小小的绿叶，倾倒一个季节；像一朵小小的浪花，飞溅起整个海洋。

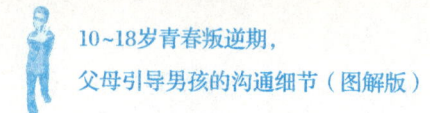

我就是要跟你唱反调——正确处理男孩的对抗行为

家长的烦恼

这天,学校召开了一次家长会,很多男同学的家长纷纷提出,儿子到了初中后脾气就变坏了,父母的话根本听不进去,甚至还公然和父母对抗。

"儿子上小学时很懂事乖巧,叫他做什么就做什么。自从上了初中就跟变了一个人似的,老说我唠叨,多说一句就厌烦我,摔门走开。我为他做了这么多,还不领情!"

"儿子13岁,年前还是个很听话的孩子,过完春节就不行了,学习成绩急剧下降,偷着上网吧,跟不好的孩子玩,作业也不做。我现在处处监督他,可是(我)越管(他)越不听,特逆反,老跟我顶嘴,和我对着干。求他也不是,骂他打他也不是。我没招了!"

案例中家长的烦恼,或许很多家长都遇到过。我们会发现,儿子到了青春期后,好像总是故意和自己作对似的,总和自己唱反调。很多父母感叹:"我让他往东,他就是往西。""我说的话,他就没有听过。"的确,青春期的男孩,常常会产生逆反心理。

其实,作为父母,我们自身也应该反思,你理解你的儿子吗？你有真正聆听过他的想法吗？很多时候，叛逆的青春期男孩并没有太大的事情，他们只是想找个倾诉的人而已，把内心的烦躁说出来。

作为父母，我们一定要学会聆听，这里说的聆听，是需要你用心去聆听，用心去感受男孩成长的变化，合理地引导男孩。我们不要以为以前的教育方式就是很正确的，那是因为孩子还太小，处于弱势，没有拒绝的权利和抗拒的能力。而到了青春期，男孩就敢于对家长说"不"，敢于"抗旨"，而家长也开始变得困惑、生气、抱怨、伤心……

心理支招

1.给彼此五分钟冷静的时间

任何教育方法的前提都需要我们父母能够控制住自己的情绪。在气头上的父母，怎么会有能力、有智慧运用良好的方法呢？

"五分钟后再继续谈。"面对男孩的事情，给自己留五分钟的冷静时间，冷静下来后，你会发现其实没什么大不了的。男孩走进青春期，父母需要用耳朵、用心去倾听孩子的想法，理解孩子。

2.做出一些让步

让步在很多时候可以表明你欣赏男孩的成熟，并且意识到他对更多自由和自主的需求。

这里，我们需要明白两点：

①可以商榷的。对于那些不影响学习、不涉及男孩的生活质量和生活习惯的，就是可以商榷的，比如，睡觉时间、发型、衣服的样式，这些可以商榷，并达到协议。

②不可以商量、妥协的。不符合以上原则的，也就是不能商榷的，比如，男孩不做作业、抽烟喝酒等，就绝不能妥协。对此，即使他与你争吵，你也不必害怕破坏与孩子间的关系而一味地妥协让步，你需要通过规定限度与制订标准来规范孩子的行为。

事实上，即使父母们的规矩不多，他们也不会得到青春期孩子的"较高评价"。父母可以通过交流与让步避免强烈的冲突，但是他们必须制订一些标准，这是让男孩学会自律的主要方式之一。

3.契约法

父母与男孩之间发生冲突，都是因为在某些问题上没达成一致意见，于是，男孩还是继续挑战父母的极限，他高举着"我青春期了，我要……"的大旗：明明规定的是8∶30之前回家，但是最近男孩频频违规，早则9点，晚则10点多。面对这样的孩子，你会怎样做？

对此，我们可以采用契约法：

如果你是一个事必躬亲的家长，是一个连儿子的饮食起居、学习、情感都想掌控的家长，那么，你必须做出一些改变。

其实，"契约教育法"的秘诀就在于：对于儿子的行为的协议一旦形成，家长就不用三令五申，照章考核孩子的行为就行了。它可以帮助男孩自我观察，建立良好行为，父母省去了许多说教，亲子之间的冲突大大减少，男孩也会因此学会自主管理。

总之，青春期的男孩和我们唱反调，我们就要作出教育方法上的调整，该放手时要放手，教会他去为自己负责，该信任的时候要信任，给男孩锻炼的机会，这样才能让男孩在体验中成长。

我很孤独——引导男孩别封闭自己，轻轻叩开他的心门

家长的烦恼

严太太是一名公务员，在单位，她一直表现突出，在家庭，她也对儿子寄予厚望，希望能按照自己的想法规划他的人生。在大家眼里，儿子一直是个乖孩子，但不知从什么时候起，儿子好像变得孤僻了，再也不愿和自己包括周围的长辈们说话了。

最近一段时间，严太太还发现，儿子的书包里好像多了一本日记，难道儿子有什么秘密？不会是恋爱了吧？怀着强烈的好奇心，一个周末，严太太趁着儿子不在家，看了日记，令严太太意外的是，儿子并没有什么秘密，日记的内容只不过是学习压力的倾诉以及与好朋友相处的过程中遇到的问题。

看到这些，严太太悬着的心终于放下了，但从这件事之后，细心的儿子居然给日记上了锁，转而让严太太又产生了很多疑问。

案例中的严太太的教育方法很明显不恰当，只会引起儿子的反感。有时候，男孩写日记，只是因为他们需要找一个倾诉的对象。这是因为青春期的孩子都有孤独心理。

那么，为什么青春期的男孩总说"我很孤独"呢？

男孩一到青春期，随着身体的发育，他们的心理也产生种种变化，他们对于以前父母灌输给自己的种种思想也产生怀疑，甚至不再相信成人，因此，他们既觉得孤独，又需要一个倾诉的对象。日记就是其中一种倾诉的方法。

可能不少父母会感到疑问：为什么儿子宁愿写日记也不愿意向自己倾诉，其实，我们为何不反省一下自己与孩子沟通的方式呢？粗暴的干涉方法只会让男孩疏远我们。可见，我们父母，只有找到正确的与男孩的沟通方法，才能让孩子对你敞开心扉。

心理支招

1.了解青春期孩子身心发展的特殊性

的确，处于青春期的男孩，他们身心发展迅速且不平衡，很容易出现各种问题，包括变得孤僻，但对此，家长不必焦虑，而应该调整心态，以平常心对待，否则反而会影响亲子关系。

2.改变以往的教养方式

我们不再以对待小孩子的方式对待正在向成人转化的男孩，对男孩要有尊重的意识，孩子是一个独立的个体，不能以自己的想法代替儿子的想法，所以要学会倾听男孩的心声，而不是一味地管教。这样才能化解男孩的对立状态，让他们愿意把心里话说出来。

3."蹲下来看孩子"

理解孩子就要学会和男孩沟通。怎样沟通？就是"融进去，渗出来"。有一个故事说：

有一位国王的儿子生了一种怪病，认为自己是公鸡。别人与他讲话他就学鸡叫。有一个人找到国王说他能治好王子的病。他一看到王子，就钻到案子底下学鸡叫，两人一下子就能沟通了，在一起玩、吃、住。慢慢两个人感情深了。突然有一天，这个人说，我要变成人了，王子也说，我也要变成人了。

这个寓言故事很好地阐述了"蹲下来看孩子"的教育理念，也就是说，蹲下来，你才能看到和孩子眼界里一样的世界，才会更容易理解孩子看到了什么，在想些什么。只有这样，才可以达到有效的沟通。

4.做男孩的朋友

这是一种亲子之间的新型关系，当男孩进入青春期后，他们便产生一系列独立自主的表现：他们要求和成人建立一种不同以往的朋友式的新型关系，迫切要求老师和家长尊重和理解自己，如果家长和老师还把他们当作"小孩"来监护、奖惩，无视他们的兴趣、爱好，他们可能会以相应的方式表示抱怨，甚至产生抗拒的心理。一般来说，从这时起，男孩便开始疏远父母而更乐于和同龄人交往，寻找志趣相投、谈得拢的伙伴。他们的交往的范围也不断扩大，先在班级中而后可能发展到班外甚至校外。

因此，我们家长不要再把他们当作"小孩子"来对待，要放手让他们独立处理一些事情，尊重他们的意见，信任他们，主动和男孩商量家中的一些事情，满足他们的正当要求。这样，他们便同样以朋友的身份与你沟通了！

第4章
掌握青春叛逆期的教育要点，选用恰当方法不和男孩较劲

男孩进入青春期后，都会变得叛逆起来，他们开始意识到自己不再是孩子了，他们开始有意地反抗父母，不但不希望成年人干涉自己，还喜欢与成年人尤其是自己的父母较劲，作为父母，我们一定要理解青春期男孩的逆反心理，千万不要与青春期的男孩较劲，而应加以引导，只要我们方法得力，处理恰当，就可以兴利抑弊，使消极转化为积极，帮助男孩度过暴风雨般的青春期。

期中考考得怎么样？要体谅爸爸的苦心……
说来说去都是老一套。
房间怎么又乱七八糟？明天上课的书准备好没有？
真是烦死啦！
我已经不是孩子了！
啊……
如何与青春期的孩子沟通？
看来我们的教育方式要更新了。

"我已经不是小孩子了。"——转变教育男孩的思路

家长的烦恼

场景一：

周一的早上，小林穿着一套运动装准备出门，谁知，他被妈妈叫住："怎么穿这套，去，把前几天我给你新买的衣服换上。"

"我不想穿，这套舒服。"

"我让你穿什么，你就穿什么。啰唆什么，快去！"

场景二：

赵宇刚上初中一年级，学校要举行全校性的纠正错别字竞赛，赵宇告诉妈妈："老师想让我参加纠正错别字竞赛。"

"这是件很好的事，你去报名了吗？"

"还没有。"

"为什么？是不是没有想好？"妈妈问。

"竞赛时台下会有很多人看，我有点害怕。"赵宇很激动，毕竟这是他第一次参加这种集体性的竞赛活动。

"要是参加竞赛的话，也可以锻炼锻炼自己，不过这件事你还是自己决定，我只是告诉你我的想法。"妈妈鼓励道。

后来，赵宇自己决定参加这次全校范围内的纠正错别字竞赛。

以上两个案例中，哪个母亲的做法是正确的？很明显是后者。事实上，男孩到了青春期后，已经有了自己独立的意识，我们可以让他们自己选择，案例二中的赵宇的妈妈是位家庭教育有心人，她是明智的。

事实上，每个青春期男孩的父母，都应该改变教育思路，不要再把男孩当成儿童了，青春期的男孩都有了独立的意识，他们不再是偎依在我们父母身边的小孩子了，我们应该给他们足够的空间和选择的权利。

心理支招

1.学会放手

生活中，我们每个人都需要自由，男孩也一样，对男孩大包大揽，要么会导致你的儿子越来越娇气，使其最终将成为永远长不大的男孩，要么会激化男孩的叛逆。

其实，每个男孩的成长过程就像走台阶，随着时间的推移，他们走过的台阶就越多，是搀扶着他们上，还是抱着他们上？不同的父母会有不同的答案。显而易见，如果家长牵着、搀扶着孩子，就会使男孩产生依赖性，常常把父母当成拐棍而难以自立。如果家长抱着儿子上台阶，把儿子揽在襁褓里，那么，孩子就会成为被"抱大的一代"，不经风雨，不见世面，更难立足于社会。平时，孩子饭来张口，衣来伸手，上学接送，晚上陪读，甚至考上大学父母还要跟着做"保姆"。男孩大学毕业后找工作，又得父母跑单位，这样的男孩是很难自立成人大有作为的。

而相反，家长让男孩自己去登这人生的台阶，告诉他：加油，要勇敢地向前冲！即使他摔了很多次，他也会在摔跤的过程中，积累了不摔跤的经验教训，这样也锻炼了他的意志，这对于他的成长是受益无穷的。

为此，我们父母一定要对男孩放手，鼓励他独立完成力所能及的任务。让他学会自己照顾自己，当他遇到困难时，不要一味包办，要让男孩自己想办法去解决。当然，开始时父母要予以必要的指导，使孩子慢慢学会自己处理各种事，而不能一下子不管，让男孩手足无措，更加胆小。

2.把他当作成人一样尊重

"男孩是小人，小人也是人。"做父母的应尊重男孩，把他当作与家庭中其他人平等的一员来对待，要尊重他在家庭中的地位，任何涉及儿子的事情，应尊重或听取儿子的意见。要尊重他的见解，甚至当你不同意时，也要以商量的口吻表示对孩子的尊重。如对话时，不要中断或反驳他；不要干涉他自己喜欢的做事方式等。

再者，我们还要像故事中的赵宇妈妈一样，要让男孩学会自己做抉择。作为成年人，父母幸运地拥有大量选择机会，可以更好地控制自己的生活。而男孩，作为未成年人，也应该拥有选择的机会。如果你的儿子了解自己的偏好，对自己的偏好充满信心，足以顶住外部的压力，并且能够全面考虑他做出的选择可能给自己及他人带来的后果，他就会做出更加正确的决定。与他一起生活和学习的成年人应该尽可能帮助他培养这些思考和反思的技能。

总之，教育青春期的男孩，我们必须改变教育思路，走出教育的误区，不要把男孩当成我们的附属品，而要把他们当作成人一样，尊重他们，给他们足够的空间，与他们平等对话，只有这样，才能抚平他们的叛逆心理，使其愿意与我们做朋友。

每次都会吵起来——当亲子间发生矛盾后如何灭火

家长的烦恼

场景一：

上初三的儿子染起了黄头发。

父亲："谁允许你染头发的？你照照镜子，活脱脱一个小流氓，明天不染回来就不许进家门！"

儿子："我就是喜欢，为什么要听你们的？"

父亲："我是你爸，我就要管你。不管成什么样子了。"

儿子："有什么了不起，你就会对我发脾气……"

第4章
掌握青春叛逆期的教育要点，选用恰当方法不和男孩较劲

一场父子之间的战争开始了。

场景二：

妈妈："儿子，妈妈想跟你谈谈可以吗？"

儿子："什么事？"

妈妈："妈妈知道你最近交了几个朋友，他们对你也很好，但是他们毕竟是社会青年，不像你那么单纯，妈妈不阻止你跟他们来往，但妈妈希望你能多留点心，保护好自己。"

儿子："嗯，谢谢妈妈提醒，我明白，我会跟他们保持距离。"

以上两个案例中的场景，相信不少家长都遇到过。很明显，案例二中的母亲的做法才是正确的。青春期的男孩大多是叛逆的，如果我们不注意与他们沟通的方式，那么，就很容易造成亲子间的沟通障碍，甚至产生矛盾。

不少父母发现，当男孩到了青春期后，男孩好像总是故意和自己作对似的，总和自己唱反调。很多父母感叹："我让他往东，他就是往西。""我说的话，他就没有听过。"的确，青春期正是叛逆期，如何与叛逆期的儿子沟通是很多父母头疼的问题。

逆反心理是指人们彼此之间为了维护自尊，而对对方的要求采取相反的态度和言行的一种心理状态。

那么，青春期的男孩为什么会如此逆反呢？

青少年之所以产生叛逆心理，第一是与青春期男孩的身心发展有关系。这个阶段，男孩的心理随着这个年龄段生理的变化而变化，第二性征的出现给他们的心态造成了冲击，他们面对自身的生理变化常常感到不知所措，从而产生了浮躁心态和对抗心理。

第二，青少年心理状态呈现青春期心理的特殊性，他们觉得这个时候的他们已经像个成年人，因此在面对问题时他们常常呈现出一种幼稚的独立性，并未成熟的他们会处在反抗期内。

第三，自我意识和好奇心的增强，加之社会、媒体的冲击，促使青少年对许多东西产生兴趣，他们便要通过表现个性、追逐潮流来满足自我意识和好奇心。

另外，社会和家庭的传统教育的一些弊端，阻碍了他们自身发展的需求，成了叛逆心理产生的源头；此外，青少年如今面临的各种压力，比如，集体压力、学习压力以及生活中的无聊情绪等，也是叛逆心理产生的"沃土"。

青春期男孩叛逆心理的出现打乱了正常的家庭秩序，也给自己制造了成长中的烦忧，有些男孩甚至在青春期因为一味地反抗家长而走向了违法犯罪的道路，因此，在这个过程中，家长的疏导就显得尤为重要。

然而，生活中，一些父母一看到自己的儿子与以往的举动不同，就担心男孩会做错事、走错路，便对男孩横加指责，青春期的男孩本身就有逆反心理，于是，生活中的一些小细节便升级成亲子间的全面战争，事实上，青春期的男孩最厌恶的就是父母对自己管得太多、干涉太多。

那么，当亲子间产生意见分歧、有矛盾的时候，我们父母该怎么灭火呢？

心理支招

1.先从自身找问题

亲子间产生矛盾的时候，我们家长首先要反思，是孩子还是自己先挑起战争的呢？是不是自己本身就对儿子有意见？

很多时候，矛盾只是来源于生活中的一些小细节。如儿子换了一个新潮的发型，你完全可以把这种现象当作普通的爱美之心。

如果男孩事事和你作对，拒绝接受你的任何意见，就需要第三方的介入，让男孩信任的长辈与他好好沟通；或者寻求心理医生的帮助，进行家庭干预或家庭治疗。

当我们与儿子间的矛盾比较激烈时，学会心平气和地去开导他们，也可以适当地请教心理专家，用理解的心态逐步解决问题。

2.对"合理的一面"进行妥协

在亲子间产生矛盾的时候，我们父母不要一味地强调自己正确，事实上，有时候，男孩的想法也并不是不正确，只是角度不同，观点就不同。对此，为了防止矛盾升级，我们可以和男孩进行妥协，比如，对于晚归这个问题，你可以和儿子约法三章：晚上十点之前必须回家；最好结伴回家；晚归要给父母打电话等。父母与男孩各退一步，能有效缓解沟通中的矛盾。

总之，青春期是男孩人生的关键期，需要家长多些关心，对于亲子沟通中产生的矛盾，我们家长需要保持平静心态，找到解决的方法，更好地帮助孩子解决实际问题。

能不能不要数落我——改变教育男孩的方式

家长的烦恼

似乎上了初中以后，大卫变得越来越不听话了，经常在学校惹事，他的爸爸也经常被老师请去，这不，大卫又在学校打架了。回家后，爸爸并没有训斥孩子，而是心平气和地把孩子叫到身边。

"我知道，老师肯定又把你请去了，我今天是少不了一顿打。"儿子先开了口。

"不，我不会打你，你都这么大了，再说，我为什么要打你呢？"爸爸反问道。

"我在学校打架，给你丢脸了呀。"

"我相信你不是无缘无故打架的，对方肯定也有做得不对的地方，是吗？"

"是的,我很生气。"

"那你能告诉爸爸为什么和人打起来吗?"

"他们都知道你和妈妈离婚了,然后就在背地里取笑我,今天,正好被我撞上了,我就让他们道歉,可是,他们反倒说得更厉害了,我一气之下就和他们打了起来。"儿子解释道。

"都是爸爸的错,爸爸错怪你了,以后别的同学那些闲言闲语你不要听,努力学习,学习成绩好了,就没人敢轻视你了,知道吗?"

"我知道了,爸爸,谢谢你的理解。"

案例中,大卫的爸爸是个懂得和青春期的儿子沟通的好爸爸。儿子犯了错,他并没有选择粗暴地责问、无情地惩罚,而是选择了倾听。倾听之中,表达了对儿子的理解,让儿子感受到了爱、宽容、耐心和激励。试想,如果他在被老师请去学校以后就大发雷霆,不问青红皂白地将孩子打骂一顿,结果会是怎样呢?结果可能是父子之间的距离越来越远,男孩的叛逆行为也可能越来越明显。

但现实生活中,这样的家长又有多少呢?随着现代社会生活步伐的提速、竞争压力的加大,作为家长,为了能给男孩一个优越的生活环境,常常由于工作忙碌,而忽视了与男孩的沟通和对孩子成长的陪伴。当青春期的男孩稍微出现一些"异常"行为,他们就会采取训斥、打骂的方式,希望儿子能好好接受自己的管教，而情况常常是事与愿违。事实上，青春期的男孩是叛逆的，教育他们，不能再像从前那样，采取棍棒式的教育方式，而应平等地与他们沟通，如果男孩缺少父母的理解，那么，亲子关系就会越发紧张，这甚至还会对孩子的成长产生不利影响。

那么，具体来说，我们该如何改变棍棒式的教育男孩的方式呢？

心理支招

1.凡事只说一次

生活中，一些男孩说："每次，我都想跟爸妈谈谈心，可是他们太啰唆了，只要我做错点什么，他们就不断地数落我，其实，我已经知道错了，但他们的口吻真让我受不了。"很多父母没有意识到的是，你的儿子已经是个大孩子了，他们已经有了独立的自我意识，也学会了如何审视自己的行为，凡事只说一次就好，这也是尊重男孩的表现，只有让男孩子体会到家长对自己的尊重，才能让他更加信任家长，达到和家长以心换心、以长为友的程度。

2.来软的，避免正面冲突

对于自我意识逐渐增强的青春期男孩来说，他们有很强的自尊心。教育他们，一定要讲方法，如果他们一旦犯错，就采取谩骂、呵斥的方式，那么，不但不能让孩子接受并改正错误，还会为家庭生活带来很多困扰。

可能你的儿子做得不对，但作为家长，不要急于批评他们，应该在倾听之后，对他们表达你的理解，在男孩接纳你、信任你之后，你再以柔和坚定的态度和男孩商讨解决之道，从而激励他反省自己，帮助他从错误中学习成长。

3.把焦点放在"解决"上

作为大人，很多时候，会认为孩子的想法是不对的，甚至是不符合常规的，抱着这样的心态，教育男孩时，我们很容易会先入为主，实际上，我们必须要明白一点，出现了问题，最重要的是解决问题而不是批评他，我们应该做的是，等男孩把想法说出，再提出解决的办法，这才会让孩子感受到被尊重。

总之，教育青春期的男孩，就一定要考虑到他们的叛逆心理，不可与之对着干，而要重在引导，让男孩感受到被尊重，他们才能真正听进去我们父母的话。

我就是不想跟爸妈沟通
——当男孩和你的关系开始疏远怎么办

家长的烦恼

磊磊与阿明是很好的朋友，从小一起长大，又进了同一所初中，但磊磊与阿明的性格不大一样，磊磊性格内向，不怎么喜欢交际，但什么都跟阿明说。上了初中以后，磊磊与阿明走得更近了。

最近一段时间，磊磊妈妈发现儿子变得很奇怪，除了吃饭时间，他几乎不出自己的房间门。不仅如此，他对妈妈的态度十分冷淡，有时候，妈妈跟他说上半天话，他才会勉强答一句。

周末，阿明来找磊磊玩，趁着儿子下楼买水果的空子，磊磊妈妈悄悄问阿明："阿明，磊磊这几天这是怎么了，对我好像有很大意见呀。你们是好朋友，他一定告诉你了。"

"阿姨，磊磊是告诉我了，可是我不知道该不该告诉你？"阿明有点难为情地说。

"只有你告诉我了，我才知道问题出在哪里，才能使磊磊摆脱烦恼呀，你愿意帮助你的好朋友吗？"

"是这样的，阿姨，我们已经都长大了，也有自己的隐私了，也懂得自理了，尤其是内衣和袜子，他希望自己可以洗，他曾暗示过你好多次，但你好像都没有明白他的意思。"

磊磊妈妈这才恍然大悟，怪不得上次还发现儿子把内衣放在被子里，原来是要自己洗。这下，她知道如何缓和与儿子之间的矛盾了。

这种情况可能很多家长都遇到过，聪明的家长，当自己和儿子无法沟通时，会懂得从儿子身边的人"下手"，找到和儿子之间的症结所在，事例中的磊磊妈妈就是个聪明的家长，当她发现儿子有心事而拒绝与自己沟通时，她选择了向儿子的好朋友阿明求助，这不失为一个沟通的良方。

可能很多家长都发现了，男孩进入青春期以后，似乎一夜之间变了，变得好像与父母相隔千里，过去无话不讲的孩子突然不说话了，避免交谈，放学后回到家，就一头扎在自己的房间里，甚至宁愿把那些心事告诉陌生的网友，也不愿意与父母交流，对此，很多父母不解，更多的是不知所措。

男孩出现这些情况是有原因的，包括生理上的和心理上的。进入青春期后，他们再也不是天真无邪的儿童了，他们有了成长的烦恼；同时，来自学习的压力、家长的期望，这些都会让这个并不成熟的孩子产生压力，于是，他们需要发泄，需要向他人倾诉。但是他们不好意思向家长诉说这些事情，而且，就算他们愿意向家长诉说，大部分家长也都不能以正确的态度对待男孩的这些问题。听到男孩这些"心事"，他们要么会训斥男孩"不务正业"，要么会嘲笑男孩，总之会使男孩很尴尬。所以，这些男孩宁愿把"心事"讲给陌生人听，也不愿意告诉家长。

那么，面对男孩不愿意与父母沟通的情况，我们该怎么办呢？

心理支招

1.与男孩的好朋友保持沟通

国外心理学家通过一项对2万多名青春期孩子的研究也发

现：孩子在12岁以前很愿意与父母交谈他们的想法，但之后却有明显的变化，尽管父母对孩子的态度一如既往，但孩子有了问题和想法，他们更多地会与朋友交谈。因此，与孩子的好朋友保持沟通，是一个家长可以掌握青春期孩子心理变化的巧妙方法。

人以群分，同龄的孩子之间往往有更多的语言，他们身处同样的学习环境，面临成长中相似的烦恼，因而他们都愿意与朋友或者同学倾诉自己的心事，因为他们会得到理解。因而，青春期的男孩一般都会很注重友谊，不愿意把朋友托付给自己的秘密透露给他人，可见，父母要想和孩子的朋友沟通、了解孩子的内心，是需要下一番工夫的。

2.与男孩的老师保持联系

男孩在学校的学习情况和生活如何，老师都看在眼里，我们父母都要参加工作，不可能随时随地掌握男孩的"行踪"，因此，我们有必要与老师保持联系。不过，与老师联系，并不是要家长去监视孩子，监视孩子是不尊重孩子的表现。对此，父母最好不要让男孩知道，因为男孩并不能理解父母的良苦用心，甚至会被激怒，使亲子之间的关系恶化，此时，你的好心可能就办了坏事。

第5章

把握青春叛逆期的早恋心理，引导男孩建立正确的恋爱观

男孩到了青春期，都渴望与异性交往，希望获得异性的注意，但这个阶段的男孩毕竟对爱情和婚姻还没有一个正确的认识，而且，青春期是积累知识的年纪，是为理想和目标努力的年纪，过早的恋爱对男孩的身心发展都不利。我们父母，在对青春期男孩进行教育的过程中，一定要多与男孩进行沟通，当发现男孩有早恋的倾向时，要巧妙地对男孩进行引导和沟通，做男孩的知心朋友，聆听他的心声，让他在父母的支持和帮助下走出情感的旋涡。

要怎么跟她成为朋友呢？
爸爸，我最近认识了个女孩儿，她很漂亮，成绩也很好，但是我不知道怎么和她成为好朋友。
你要做和她同样优秀的人……
我要增强自己的实力！

第5章
把握青春叛逆期的早恋心理，引导男孩建立正确的恋爱观

与女同学交往就是早恋吗
——理解青春期孩子的情感需求

家长的烦恼

这天，某小区整个楼道里都响彻着一对母子吵架的声音。

男孩一直反驳："我没有在学校谈恋爱，信不信由你！"

"那书包里的信是怎么回事，为什么抽屉也锁起来了？"

"什么，你检查我书包？你怎么能这样？"

"你知道不，孩子，妈妈是担心你啊，有多少孩子因为早恋误入歧途，耽误学习，妈妈看到的太多，你就听我一句劝吧。"

"我没有早恋。"

"那每天早上和你一起上学的那个女孩是谁？"

"我们班同学，我一个朋友，男女同学难道就不能成为朋友？"

"真正的男女同学之间的友谊是不会这么亲密的，妈妈明白，你这个年纪需要友谊，可是你要把握好分寸。"

"你真是草木皆兵，你是不是管我爸也这么严？"儿子一气之下说了这句话，"啪"的一下，一记耳光打在了儿子脸上，然后安静了。

这样的一幕估计在很多家庭中都发生过了。很明显，案例中的妈妈的做法是不对的。男孩到了青春期，都渴望与异性交往，男孩与女同学之间的适当交往，对于孩子的成长是有益的。作为父母的我们，不可草木皆兵，引发男孩的对抗。实际上，青春期的男孩都有与异性交往的需求：

1.渴望交流的需要

由于现在的孩子大多为独生子女，没有兄弟姐妹，身边缺少同龄人做伴，生活比较孤单。一旦心里有话需要倾诉的时候，孩子就会找个说得来的同学或者朋友来弥补自己没有兄弟姐妹的孤独。

2.异性交往是人格独立的需要

青春期男孩，除了生理发育和性成熟外，独立意识也大大增强。他们会强烈地意识到自己不是小孩子，希望独立尤其是情感上的独立。于是，男孩不再喜欢依赖父母，跟父母间的交流也不容易产生共鸣，不少家庭的男孩与父母之间还出现所谓的"代沟"。他们往往通过独立认识、交往新朋友、建立自己的同龄朋友圈子来证明自己已经独立、成人了。

3.性格互补和身心健康发展的需要

由于男女同学各自特点不同，男生往往比较刚强、勇敢、不畏艰难、更具独立性，而女性则更具细腻、温柔、严谨、韧性等特点，男女同学的正常交往可以促使双方互补，对他们的性格发展和智力发育都有益处。

有时候，男孩与女同学交往，未必就是早恋，我们父母不能疑神疑鬼，更不能质问男孩，而是要理解孩子的情感，并巧妙引导男孩如何处理与异性之间的情感。

心理支招

总结起来，男孩与女同学交往，有这样一些益处：

1.有利于男孩实现个性完善

人与人交往，本身就是一种关系方式。青春期男孩还处在一种对异性封闭的阶段，而男女个性差异比较大，男孩通过与女孩的交往和交流，能在个性上发展得更丰富、更全面。要知道，男孩以后也将成为社会中的一分子，交往范围越广泛，和周围生活的人联系越多样化，越深刻，自己的精神世界也就越丰富，个人发展也就越全面。

2.有利于丰富男孩的思维类型

性别不同，思维习惯和类型也不同，虽然男女生智力水平基本无差异。在思维方面，女孩擅长于形象思维，凭直觉观察事物；而男性擅长左脑思维，即逻辑思维，常常用抽象、逻辑推演去处理事情，据此，男孩与女孩交往可以让他们实现思维类型和习惯的补充。

3.有利于男孩实现和异性之间的情感交流

青春期男孩和女孩的相互接触，有利于情感的健全。

从情感差异方面看，女生情感较丰富、敏感，富有同情

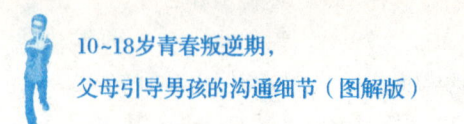

心，情感体验深刻、细腻、含蓄；而男生则比较外露、粗线条。女生比男生更为沉稳、坚定。

4.有利于性别角色的社会化

无论男女，其性别角色的实现，都要体现在与异性的交往活动中，同样，男孩只有从女孩的眼里，才能读出社会对男性的期望。

人的一生注定要在两性的世界中度过，要适应相应的社会规范，青春期男孩就必然要与异性交往而非隔离。当然，这种交往应该是大方、有利于身心发展的交往。

总之，我们父母要认识到，异性交往，是培养男孩正确的性别角色和健康性心理的必修课。我们要明白的是，正常的异性交往不仅有利于孩子的学习进步，而且有利于个性的全面发展。正确对待并妥善处理异性间的交往，不仅可以让男孩顺利度过青春期，还可以起到男孩与女孩学习上互助、情感上互慰、个性上互补、活动中互励的作用，对（他们）自我的发展是十分有益的。

与异性交往的尺度——男孩与异性交往过密怎么办

家长的烦恼

林大姐的儿子过了暑假就上初二了，当初儿子考入初中的

第5章
把握青春版逆期的早恋心理，引导男孩建立正确的恋爱观

成绩相当不错，能在班上排入前十。但从初一下学期以来，儿子在学习上一再退步，老师也反映儿子读书"很不专心"。林大姐私下找了儿子的同学了解，也偷偷看了儿子的日记，原来儿子在初一下学期多了一个很谈得来的同年级女性朋友。

林大姐也曾试着委婉提醒儿子，不要陷入"早恋"而影响学习。但儿子总是很理直气壮地回答自己和那个女生只是比较有话说，那个女生是很谈得来的女性朋友而已，两人在一起聊的也是学习上的事情，还让林大姐不要随便"说三道四"。一提到这，林大姐就直犯愁，儿子大了，自尊心又强又敏感，到底该怎么引导，才能让儿子把握好情感的尺度？

其实，林大姐的担心是有道理的，青春期的男孩，很难识别异性之间的交往与真正的爱情有什么区别，这也是所有父母所担忧的。

进入青春期的男女同学都有同样的心理，都希望自己能够成为受到异性注目和欢迎的人，为此，他们会尽力地改变自己、完善自己，这也是一个自我发展、自我评价、自我完善、克服自身缺点及弱点的好机会。从小培养男孩与异性建立健康的情感，使他们能够理解异性、尊重异性，与异性发展自然的、友爱的关系，会为他们今后顺利地进入恋爱和婚姻关系奠定良好的基础。

然而，与异性同学间的友谊是青春期的孩子之间最为敏感的话题，同性间的友情是可以公开的，但对某个异性的好感却

是隐秘的，在口头上他们是坚决不承认的，这恰好反映出男孩的矛盾心理，这一时期的男孩对异性会有一些兴趣，会关注他们的言谈举止，这种好感是朦胧的、短暂的、不稳定的，所以当他在对某个异性产生兴趣的这段日子里，他非常反感别人来刺探他的想法，更讨厌别人干涉他的做法，当家长、老师问及这方面的事时，他一般予以否认，仅说是普通同学关系，事实是，这一时期的孩子情感正处于朦胧期、矛盾期，他自己也很难说清楚。为此，很多父母很担忧。

心理支招

（1）告诉男孩，青春期是学习自律的关键期，成功的异性交往取决于自觉遵守规则。

青春期与异性交往有许多益处，家长应支持。而对男孩最大的支持，是（与他们一起）制订交往的规则，提醒男孩学会自律。

父母可以与男孩共同讨论媒体报道的案例或某些电视剧的情节，发表各自的看法，增强男孩自我控制的意识。在与异性交往中善于自我控制，可有效避免许多不必要的麻烦和被性侵害的不良后果。另外，自控能力是建立在正确的知识观念基础之上的。家长还应该开诚布公，与男孩讨论与异性交往有关的问题。不必有什么禁忌，凡是孩子感兴趣的话题，都可以摆到桌面上进行讨论和争论，必要时还可以查阅书刊或请教专家。

（2）教导男孩学会抗拒诱惑，明辨是非，正确选择自己的成长道路。

男孩在异性交往中也会面对形形色色的人和事，如果缺乏分辨力，被表面现象迷惑，就可能被社会上负面的东西欺骗或侵蚀。若想避免这种情况出现，一方面，父母在对待婚姻家庭、异性交往的态度行为上应该成为男孩的榜样；另一方面，要对男孩接收到的信息进行深入、理性的分析，不要以为孩子看到、听到的都是正面的东西，就不会出问题，关键还是引导男孩学会自主地选择，要有能力进行自我保护。

总之，男孩进入青春期渴望与异性交往，是其身心健康发展的重要标志。教会男孩学会与异性和睦相处，是对未来婚姻家庭的准备，也是对未来事业发展和社会人际关系适应的必要准备。

什么才是真正的爱——向男孩灌输正确的恋爱观

家长的烦恼

我们先来看看一段母亲和儿子的对话：

"孩子，其实妈妈明白你的心情，妈妈也是过来人，在你这么大的时候，也喜欢过一个人，那时候，他经常来学校找我，并对我无微不至地照顾，我发现自己爱上他了，可事实上，原来他已经有了家庭，我伤心欲绝，学习成绩更是一落千丈。"

"后来怎样呢？"儿子好奇地问。

"后来，就在那段时间，我们学校转来了一个新同学，他开朗、乐观，成为了我的同桌，我们无话不谈，一起学习、交流心得，很快，他帮助我走出了那段情感的阴影。你知道这个人是谁吗？"

"不知道。"

"他就是你爸爸啊，我们很快相爱了，但是我们并没有沉浸在爱情的幸福中，而是约定要一起考大学，一起追求梦想，后来，我们大学毕业后就结婚了……"妈妈沉浸在甜美的回忆中。

"爸爸太棒了！"儿子赞叹道。

"是啊，不然我又不会喜欢他，那你认为她呢？"

"我不知道，但她长得很漂亮。"

"孩子，妈妈也给你一个建议：你不妨跟她做个约定——你们要一起考上大学，等你考上大学之后，如果你还是很认可这段感情，那么你不妨开始一段美丽的爱情。在这之前，你可以跟她做很好的朋友。"儿子点点头答应了。

并不是所有家长都能和这位母亲一样理解男孩，事实上，很多家长在知晓儿子在青春期谈恋爱后，都会火冒三丈，然后"棒打鸳鸯"，而最终结果是，男孩子只会越来越坚信自己的选择，甚至做出更加"出格"的事。家长的理解是男孩接受家长建议的前提。因此，作为家长，我们不妨放下架子，与孩子来一次促膝长谈，帮助孩子脱离早恋的苦恼，从那段青涩的爱情走出来。

"父母是孩子的第一任老师。"我们父母应该鼓励男孩把精力用于学习生活中,并指导男孩如何与人交往,尤其是要让孩子把握住与异性交往的安全距离,离得太近或太远都会给人一种不舒服的感受。

那么,我们父母应该怎样向男孩灌输正确的恋爱观呢?

心理支招

1.理解男孩,谈话式教导,引导孩子走出恋爱的误区

我们要关注男孩,应经常询问孩子对周围异性伙伴的印象如何,以了解孩子的情感倾向和所思所想。同时,父母可讲讲自己的青春期时与异性交往的经历与故事,让男孩说出自己的看法。要注意,最好避免用早恋这样的字眼,因为这一时期男孩与异性交往大多只是出于一种朦胧的爱慕心理。

2.告诉男孩如何处理"被追"的情况

作为父母,在对男孩情感理解的基础上,还要告诉男孩如何处理摆在面前的"爱情",比如,情书,情书是青春期的少男少女们表达爱的一种最主要的方式,父母要告诉男孩:如果有人给你写情书,这表明你很有魅力。这的确值得高兴,但是过后一定要把情书收起,把那份美好埋在心底。

3.告诉孩子与异性交往的分寸

我们不妨直言不讳地告诉男孩,青春期对异性产生好感并不可耻,但一定要把握分寸,大胆、大方地与异性交往,当对异性

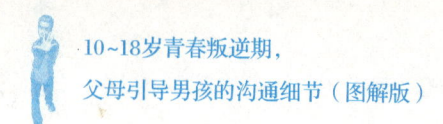

有好感时，应该让感情作为一种美好的愿望，珍藏在心底，等自己真正长大成熟时，它会以百倍的力量、热情、成熟来迎接你！

4.让男孩转移视线，明确学习是初中阶段的主要任务

青春期是孩子长知识、长身体的黄金时期，世界观还未形成，缺乏必要的社会知识与经验，如果孩子过早地陷入爱情的旋涡中，势必会影响他们的学业和身心健康。我们要告诉男孩，你现阶段要做的是，明确自己在青春期的奋斗目标，把精力重新投入学习中，才是明智之举。

总之，男孩进入青春期后，身心上的巨变，都会让他对爱情产生一些懵懂的意识。这段时间的男孩经常会陷入迷茫，他们不知道自己要做什么，不知道什么是正确的恋爱观。如果家长们能够给予他们足够的理解、支持、关心和耐心，鼓励他们说出自己的想法，然后告诉他们该怎么做，男孩就会找到内心与外在世界的平衡，顺利地度过这段危险期！

"英语老师真好！"
——告诉男孩这是对老师的崇拜，而不是爱

家长的烦恼

这天，王太太帮儿子收拾房间时，无意间看到从书本里掉

第5章 把握青春叛逆期的早恋心理，引导男孩建立正确的恋爱观

出来的一页纸，好像是儿子的信件，挣扎（之）下，王太太还是觉得要看一看，信件内容是："我确实长大了，我今年15岁了，一开始我问自己是不是疯了，真的觉得太不可思议了。但现在我明白了，这是人生的必经之路，爱一个人没有错，我想我也不会再迷茫了。经过反复思考，我发现我真的爱上她了。的确，我自己无法阻挡。她其实并不漂亮，不过我依然爱上了她，因为她有一颗善良的心。我是从初二开始发现的，那个时候，我还在黑暗里挣扎，每天浑浑噩噩地过着，是她给了我方向感，她把我挽救了出来。在我没有信心的时候，是她给了我信心，她让我重新站了起来。在我有危险的时候，她会不顾一切地帮我。为了我，她付出了很多。一开始我只是感激她，我对她一点点产生了依赖感，我发现我离不开她了。可那时，我只把她当作我的姐姐。不过，现在我发现我不止把她当作姐姐，我爱上了她。谁能理解我呢？"

看到这里，王太太心里一惊，儿子以为自己爱上了女老师，这可怎么办？

一个15岁的男孩爱上了自己的老师，的确是有点不可思议，但这首先说明的是，他成熟了，情窦初开了，这是生理与心理成熟之后的必然。

的确，青春期是每个男孩情窦初开的年纪，而与之接触最多的除了同学就是老师。对于男孩来说，他们容易对稍长几岁

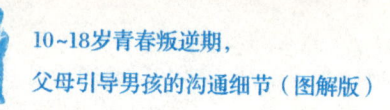

的女老师产生一种爱慕之情,因为她温柔、善良、知识丰富,即使最枯燥的知识也能讲得栩栩如生。于是,很多男生感叹:爱上女老师该怎么办?

但事实上,这并不一定是爱,很可能是崇拜,很多青春期男孩,对曾经帮助过自己的女老师都有类似的情感,以为这种情感就是爱,其实不一定,有时候,也可能是恋母情结的一种反应,潜意识里把她当作自己的母亲一般去爱。这并不是真的爱情,而是一种崇拜和敬畏。对于这种情况,作为父母,我们一定要对男孩进行引导,让他清楚崇拜和爱的区别,否则,男孩很容易陷进情感的泥潭中。

心理支招

1.先让儿子冷静思考以下几个问题

(1)爱一个人或许不需要理由,但必须知道爱她的什么,也就是她有什么特质吸引了你。

(2)爱是相互的,爱一个人从某种角度讲,其实是意欲将自己的情感强加于被爱者,而自己必须明白对方的感受或意愿。

你清楚老师被你"爱"的感受或意愿吗?

(3)爱除了是一种感觉外,更需要责任心。爱一个人说白了是要对对方的一生负责,包括生老病死、包括贫穷与灾难,包括可能的她的移情别恋。任谁都有权利爱或被爱,但必须清楚自己的储备是否足够对方一生的消耗。请认真清点自己的储备是否充足？

（4）爱情也需要经济基础。

在经济社会，没有刨除经济、社会地位、人文环境的"纯粹的爱情与婚姻"，爱的双方必须拥有相对平衡的社会平台。

2.告诉儿子："她并不是适合你的人。"

你可以这样告诉儿子："首先，你们年龄上就有一定差距，人生经验和社会阅历上有差距，人生观，价值观上也有不同点，当然这并不是很重要的问题。

"其次，青春期的喜欢并不稳定。你们之间并不相互了解，你之所以喜欢她，是因为你把她想象得比现实中完美。而你也许是情窦初开，等心理成熟以后，就会发现其实你所选择的她并不是你想要的那种人。

"还有，在学校里容易受到周围人的影响，可能你并不想谈恋爱，但是别人都在谈，你也许就会因此去留意某一人，而实际上这个人并不一定就是你心目中原来的那个白雪公主。"

总之，我们要让男孩明白的是，他应把对老师的爱慕转换为学习的动力，如果能教导男孩把这种喜欢的感觉用得恰到好处，让男孩产生学习的动力，那么是能对男孩的成长起到真正的督促作用的。

第6章
解开青春叛逆期对性的困惑,引导男孩正确学习性知识

青春期是男孩身体发育的年纪,而这些发育期的生理剧变,会带给男孩情感上的变化。进入青春期后,很多男孩产生了了解与认识异性的强烈愿望,性的成熟随之会给他们带来许多心理问题和令人困扰的事情,甚至会让他们表现出一系列性心理行为,如对性知识的兴趣,对异性的好感,性欲望,性冲动,性幻想和自慰行为等,这些都是我们父母不容回避的事实。此时,我们应该充当男孩的性教育老师,要及时地为儿子解除这些困惑,帮助他健康、快乐地度过青春期!

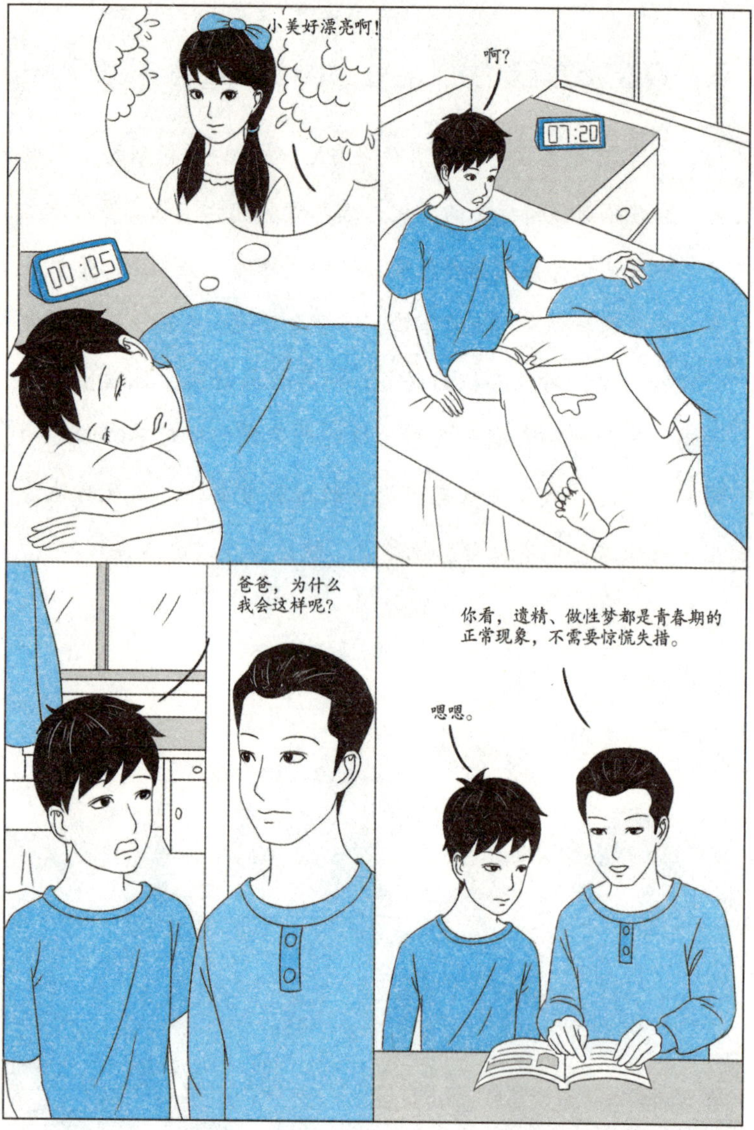

小美好漂亮啊!
啊?
爸爸，为什么
我会这样呢?
你看，遗精、做性梦都是青春期的
正常现象，不需要惊慌失措。
嗯嗯。

什么是性——怎样和青春期男孩讲解性

家长的烦恼

周末的一天,费太太和儿子强强在家看电视连续剧,说实话,强强最讨厌看这种又臭又长的电视剧了,但强强的几个死党这天都有事,没人陪他打球,他在家也实在无聊,就勉强与妈妈一起看。

现代都市的情感剧免不了一些"少儿不宜"的镜头,以前在看到男女接吻的时候,强强总是遮住自己的眼睛,觉得很害羞,而费太太也会马上调台,可这次,强强居然目不转睛地盯着电视,费太太一下子意识到儿子长大了,孩子对"性"开始有了懵懂的意识了。

"妈,男人与女人为什么要亲嘴?结了婚为什么就生小孩了?我又是怎么来的?"儿子一连串的问题让费太太不知道怎么回答,她明白,是时候告诉儿子这些性知识了,"性"的问题,不能对儿子避而不谈了,孩子终归是要长大的。但她觉得,这些问题,还是让丈夫来解答比较合适,于是,她对儿子说:"强强,这些问题晚上让爸爸给你慢慢解答……"

不少父母发现，我们的儿子正在一天天长大，昨天的他还是一个在父母怀里撒娇的男孩，今天他的个头就比你还高了。昨天的他还是一个和邻居小女孩抢零食的小男孩，今天的他看见了女生都会退避三舍……此时，性健康教育成为摆在很多家长面前的一道不可回避的难题。我国目前社会文化价值观相对混乱，在青少年性等待期长的特殊时期，青春期的性教育已成为无法回避的问题。

然而，面对这个问题，大人们似乎总是很害羞，大多数家庭仍然是谈"性"色变；有一部分思想开明的家长想给孩子提前教育教育，却又欲说还"羞"，不知从何说起。

可见，作为男孩的父母，我们有必要结合男孩身心发育不同阶段的特点，及时进行性生理、性心理、性道德等知识教育。

心理支招

1.转变观念，不可对男孩封闭性知识

青春发育是人生必经之途，由于性成熟而出现对性知识的渴求和对异性的向往是自然的。青春期男孩十分需要从正规渠道（当然包括孩子的父母）获得有关性与生殖健康的知识。如果封闭了正确的性知识，不但不能对男孩起保护作用，反而会使男孩从其他渠道接受片面的、似是而非的甚至色情淫秽的内容，妨碍其身心健康的发展。如果青春期教育出现缺失和失误，男孩成长史上就会留下无法弥补的遗憾。

2.从正面教育

很多家长为了避免儿子产生性尝试的欲望,往往从负面教育男孩,比如说,性会导致艾滋病和其他疾病、少女怀孕、强奸等……当然,告诉孩子这些是必要的。但我们更要注重正面教育,要告诉男孩,正当的性是人类美好的东西。

当男孩向我们提出性问题时,作为家长,不要恐慌,这证明我们的儿子已经长大了,我们应该为之高兴,同时,如果我们的儿子做了一些诸如手淫之类的事时,我们既不要大喊大叫,也不要痛斥他们是什么"坏"孩子。手淫不会使男孩性狂热,性无知和羞怯才会对他们产生消极的影响。

3.充实自己的性知识,为男孩答疑解惑

为什么许多家长在与儿子谈论性问题时感到困难?其中一个主要的原因是家长自身对这些问题也很迷茫。事实上,正是因为家长们对这些问题避而不谈,导致了他们对性的知识也有限,因此,作为家长,应该学习一些有关性方面的知识来充实自己,了解一些与性教育有关的知识。有了比较足够的知识准备,与儿子谈论性问题时才会有自信心。父母亲的自信心是轻松而有效地实施性教育的关键。

4.以自然态度面对孩子的问题,恰当回答

青春期的男孩已经有辨别的能力,因此,在灌输男孩正确性教育思想前,自己得先有纯正(的)思想,而后才能教导他们纯正(的)观念,提供适当的性教育,使男孩在很自然的

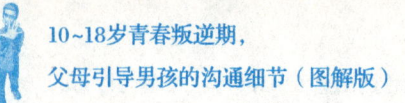

情况下，吸收性知识。另外，对男孩好奇的一些常规问题，家长既要如实相告，又不能太复杂，否则，只会让孩子更困惑。如：人是怎样出生的？父母可以从植物结果讲起，接着联系到人的"性"与生殖，也可以用动物的生殖活动进行示范性比喻，来浅显地介绍人类生殖的生理，这有助于男孩弄清问题。

在很多有男孩的家庭中，父母总是避讳谈"性"的问题，而让儿子自己去摸索，这往往会使许多男孩因一时的"性"好奇，而犯下错误。其实，我们父母是性教育的启蒙者，以自然、正常的态度，教导男孩正确的性观念，才能避免男孩从一些非正面的渠道了解，才能避免他对"性"有错误的想法和观念，你的孩子才会身心健康地成长！

我是坏孩子吗——引导男孩正确看待性幻想

家长的烦恼

这天，林女士在给儿子打扫房间的时候，发现掉在电脑桌底下的一张纸，便捡起来看了看，发现是儿子写的，便看了看，内容大致是这样的：

从初二开始，我就喜欢上了一个女孩，我一直默默关注她的一切，最近，对她的感情越来越浓，她不知道我喜欢她，我也不敢表白。前几天,我从她的闺蜜那里得到她的照片,这几天,每天晚上,我看着她的照片,心里就十分高兴,后来,我发现自己居然对着她的照片产生一些奇怪的幻想,比如,亲吻她,抚摸她,有时候想着想着还会射精,我觉得自己很可耻,我不知道该怎么办,也不敢跟爸爸妈妈说。

看完儿子写的话,林女士知道儿子长大了,但这个问题自己跟儿子沟通不方便,还是先跟丈夫商量商量吧,让丈夫跟儿子说也许会好点,毕竟男人之间商讨这个问题会好很多。

可能不少青春期男孩都和案例中的林女士的儿子一样,认为性幻想是一件可耻的事,因在幻境中"肆意妄为"而感到懊悔和自责。其实这是青春期的正常生理现象,但孩子要懂得调节,并把注意力转移到学习上,不可沉溺其中,耽误学业,影响自身成长。

对于这一点,林女士的做法是正确的,这一问题最好由父亲沟通,父亲要引导男孩正确看待性幻想。为此,你最好先告诉男孩性行为和性幻想的区别。

心理支招

1.什么是性幻想

性幻想是指人在清醒状态下对不能实现的与性有关事件的想象,是自编的带有性色彩的"连续故事",也称作白日梦。

进入青春期后,男孩的身体会逐渐发育,其中,性器官开始发育成熟,男孩自然会对异性开始产生爱慕情绪,但是又不能发生性行为,只好以性幻想的形式发泄和满足自己的性欲望,于是,他们就会把自己曾经在电影、杂志或者书籍中看到的片段凑在一起,经过重新组合,虚构出自己与爱慕的异性在一起的情景。

当男孩开始性幻想后,随着自己的幻想过程,而逐渐进入角色之后,男孩还发生相应的情绪反应,可能激动万分,也可能伤心落泪。

一般情况下,男孩的性幻想,会在闲暇时间或者刚上床后的一段时间出现。性幻想可导致部分人性兴奋,有些男孩甚至射精,有的还伴随有手淫的情况出现。这种性幻想在中学生中大量存在。据国内调查,在19岁以下的青少年中,曾有过性幻想的占68.8%。如果这种性幻想偶然出现,还是正常的、自然的。如果是经常出现,以幻觉代替现实,可能会导致病态,应当引起注意并进行调节。

2.什么是性行为

性科学研究按照性欲满足程度的分类标准,将人类性行为划分为三种类型:一是核心性性行为,即两性性行为;二是边缘性性行为,如接吻、拥抱、爱抚等;三是类性行为。

一般人们会认为性行为只是性器官的结合,其实,这是狭隘的想法,性行为的含义是广泛的,观看异性的裸体,观看电视的色情节目、接吻、手淫、阅读色情小说等，都是地地道道的性行为。

性行为的含义要比性交广泛得多，一般说来它包括以下几种：

（1）目的性性行为，这就是人们通常说的性交。这是人们满足性欲最直接、最通常的方式，一般来说，人们在性交以后，性的需求就得到了满足。

（2）过程性性行为，这是性交前的准备行为。其作用是激发性欲，如接吻、爱抚等，如果性交后还要通过这样的一些动作，使性欲逐渐消退，作为尾声，那么这些动作也属于过程性性行为。

（3）边缘性性行为，这种性行为的范围很广泛。这种性行为的目的和性交无关，它只是表达异性间的爱慕方式，有时候，边缘性行为表现得很隐晦，可以是一个表情，一个微笑或者是一个简单的动作等，至于拥抱、亲吻，如果是作为性交前的准备，那么就是过程性性行为；如果只是爱情的自然流露，不以性交为目的，那么就是边缘性性行为。当然，边缘性性行为，并没有一定的行为标准，比如，可能中国人认为男女拥抱、亲吻属于边缘性性行为，但在某些西方国家，这些行为作为一般见面的礼仪，那就同性行为完全无关了。

帮助男孩了解性行为和性幻想的区别，能帮助他们正确看待性幻想。总之，我们要告诉男孩，其实，性幻想并没有错，也不是什么可耻的事情，但要注意自我控制，男孩在青春期应以学习为重，把精力放在学习上，就能消除性幻想对自己的困扰，另外，多参加公共活动，也是一种自我调节的方式。

我为什么会做那样的梦——引导男孩别为性梦而苦恼

家长的烦恼

有一天，卢伟找到他爸爸，很神秘的样子，在房间窃窃私语。

卢伟：爸，我妈不在家吧？

爸爸：不在，怎么了？

卢伟：我妈不在就好，我是有一些男人的问题要问你，我妈在的话我怎么好意思问呢？

爸爸：男人的问题？什么问题啊？

卢伟：我最近晚上老是做梦，梦到一些我不该梦到的事，我觉得很污秽。怎么会这样呢？我是不是和电视上说的那样生了什么心理疾病啊？

爸爸：你能跟我说你的秘密，说明你很信任爸爸，我很高兴，其实呢，我知道你做的是什么梦，爸爸像你这么年轻的时候也做过，你不必害羞，也不是有什么心理疾病，这是青春期的正常生理现象。

卢伟：是真的吗？我这是正常的？

爸爸：是正常的，只不过你要记住，青春期是你学习的时期，你需要做的是把你的注意力从这些梦上转移到学习上，多努力学习、储备知识，等过了青春期，很多问题也就不是问题了。

男性青少年进入青春期后，身体便会显现出一系列男性所特有的性特征。许多刚刚进入青春期的男孩，对于青春期的一些正常心理和生理反应，常常感到困惑，有的甚至惶惶不安。比如，性梦。

许多青春期男孩睡觉时偶尔会在梦中见到自己相识的女性或其乳房、颈、腿等部位，此时阴茎也会情不自禁地勃起，当达到极度兴奋的状态时，就会遗精。许多男孩由此自责，觉得自己是个坏男孩，千方百计地去控制自己，可在梦中又不能自已。在医学上，这是一种性梦，是青春期性心理活动的重要内容之一，常发生在深睡或假寐时，以男青年居多，性梦和梦遗不是病，而是一种不由人自控的潜意识性行为，有关专家指出，性梦是正常现象，不必大惊小怪。

据国外调查报告，近100%的男性做过性梦，男性做性梦的顶峰期在15～30岁。性梦与道德品质一点关系也没有。人不可能因为品质好就不做性梦，也不可能因为道德败坏就夜夜做性梦，做梦人完全不必自寻烦恼。针对这一点，父母一定要让男孩知道，做性梦是青春期性意识成熟的一种表现，（孩子）不必大惊小怪，但一定要注意调节，不可让它影响生活和学习。虽然性梦是正常的心理活动，但任何事物都要有个度。如果沉溺于其中，对学习、对生活、对自己的健康成长是有害的。

心理支招

1.让男孩认识到性梦产生的原因

青春期的到来和男孩生殖器官的发育成熟，让很多男孩对两性之间的很多问题产生很多困惑，寻求这些问题的答案和揭示性的奥秘是很多男孩青春期所向往的事情，因此，当男孩接触到一些与性有关的事物的时候，他们都会产生很多性冲动，但是因为道德的束缚和繁忙的学习，他们的这种欲望一般都会被压制了，但熟睡以后，大脑的控制暂时消失，于是性的本能和欲望就会在梦中得到反映。所以，性梦大多是性刺激留下的痕迹所引起的一种自然的表露，遗精是男性性成熟的主要标志，性成熟可能是产生性梦重要的生理原因。

2.纠正男孩对性意识活动的错误认识

很多男孩认为这是低级下流、黄色淫秽、道德败坏的。如有的男孩由于性梦或性幻想的对象是自己的同学、邻居、甚至亲友，便会产生罪恶感，认为自己乱伦、道德沦丧等。此时除了要向男孩解释性梦和性幻想的正常性和普遍性外，还应重点向男孩讲述性梦对象的不可选择性。要让他明白，他们之所以出现一些困扰，并不是性意识活动本身所致，而是自己对性意识活动所持的态度造成的。以下几点是我们要向男孩传达的：

（1）性梦是一种正常的生理和心理现象，性梦与道德品质一点关系也没有，正常的男孩步入青春期开始走向成年，就会做性梦，因此，男孩完全不必自寻烦恼。

（2）性梦中，男孩一般会遗精。

（3）性梦属于无意识行为，不受人的主观意识控制，这就是为什么男孩在白天不会做性梦。

（4）性梦是人体对各种器官及系统的自我检查和维护。睡梦中的性高潮不仅能使人摆脱白天的精神压力，还是对现实生活中没有得到性满足的一种补偿。

3.为孩子保密

虽然性梦是正常现象，但如果随意向外界披露性梦的内容和对象，不仅会对男孩造成伤害，还有可能引起纠纷。

总之，我们要让男孩明白：有性意识甚至做性梦都没有错，关键在于如何调节，青春期应以学习为重，把精力放在学习上，就能消除性梦对自己的困扰，另外，多参加公共活动，也是一种自我调节的方式！

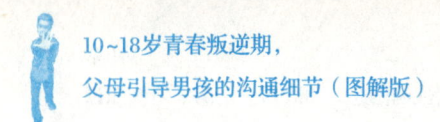

乖男孩也会手淫——告诉男孩自慰有哪些危害

家长的烦恼

刘先生的儿子15岁了,初三,从小学至今都是个品学兼优的好学生,但最近,刘先生发现,儿子好像有点不对劲,学习情绪也很差。情急之下的刘先生不得不偷看了儿子的日记。原来,儿子近来因为总手淫而烦恼,他明知道这样不对,但还是无法控制自己的行为。他曾有过骑在凳子上两腿夹着摩擦而兴奋的经历,同时阴部会产生一种莫名的快感,非常舒服。之后,这种行为便成了他的习惯,但是他的需求越来越强烈,甚至这种行为已经无法满足自己心理的需求,最终只能通过手淫帮助满足,但随着手淫次数频繁,感觉心理不正常,非常害怕因此而染病,也认为自己很无耻和下流。

刘先生一直家教很严,自己和妻子也是高级知识分子,平时都极力不让孩子接触性方面的知识,可是一直乖乖的孩子为什么会这样呢?

伴随着身体发育的成熟,很多青春期男孩产生了性的冲动,于是,很多男孩采用自慰的方式发泄,也就是人们常说的手淫。手淫是释放男性性压力的一种方式。

实际上,手淫是释放性能量、缓和性心理紧张的一种措施。男孩对性的追求，并不只是在成人以后，案例中的刘先生的儿子从幼儿早期就有明显的性兴奋，"骑在凳子上两腿夹着摩擦"就是通过由中枢决定的痒感刺激来达到性满足的。而随着年龄的增长，他对性的需求越来越强烈，"骑在凳子上两腿夹着摩擦"变成了有意识的手淫，但男孩极力压抑自己的性冲动，对手淫没有正确的理解和认识，便产生自责、自罪的感觉，痛苦感油然而生。因为很多学校和家庭没有给过男孩正确的性教育，所以他们会把自己的自慰行为看成是无耻和下流的。

关于青春期男孩手淫这一问题，作为家长，一定要明白这是青春期身体发育后的正常现象，但也要重视，并做好引导工作，因为过度手淫会对孩子的心理造成压力，影响学习和正常生活。

那么，作为父母，我们该如何让男孩正确认识手淫这一问题呢？

心理支招

1.告诉孩子什么是手淫

什么是手淫呢？手淫是指通过自我抚弄或刺激性器官而产生性兴奋或性高潮的一种行为，这种刺激可以通过手或是某种物体，甚至两腿夹挤生殖器产生。手淫在青春期男、女性均可发生，以男性更为多见。

手淫是释放性能量、缓和性心理紧张的一种措施。当然，

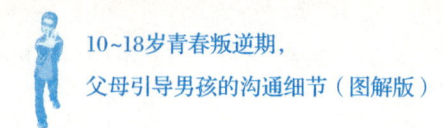

手淫过度也是不利的，过度的手淫会使肉体的性高潮在无须与异性的正常互动下就得以达到，这是一种异常的、变态的性满足方式。

2.告诉男孩过度手淫会带来的精神恶果

性自慰是青少年为满足性欲望的一种行为，这种玩弄或刺激外生殖器、获得性快感的自慰行为在青少年中普遍存在。其实，适度的性自慰并无大碍，但青少年不能沉迷其中，让其影响身心健康发展。

长期过度手淫带来的最明显的恶果主要是精神上的。手淫的男孩由于得不到正常性生活所带来的感觉，而进行自慰行为，但他们对于自慰行为被人发现的担心，再加上社会舆论的压力，使得他们不得不刻意表现出对异性傲慢和不感兴趣的态度，用以掩盖自己的行为。当然，这些畸形的心理并非每个人都会有，但是对于性格比较内向和脆弱的人，这种倾向就比较容易出现。

在了解这些性知识以后，可能很多男孩和父母会产生疑问，那么，到底应该怎样掌握手淫的度呢？手淫一般不会引起任何疾病，一般以一周一次为宜。频繁、重度的手淫可引起前列腺炎、遗精、早泄等疾病，引起不育也是有可能的。

作为父母，如果我们让男孩从正常渠道了解这些青春期性冲动的知识，并告诉孩子（如何）以正常的方式发泄性冲动，那么，男孩自然能摆正心态，消除对手淫的羞愧感！

"这些图片真刺激！"——告诫男孩远离色情暴力

> **家长的烦恼**

这天放学后，大概六点多的样子，学校的学生差不多都走完了，班主任严老师因为批改作业，才收拾好，也准备回家。

严老师正准备去推电动车，他看见班上的男生刘明在操场拐角处神神秘秘地跟人家通电话，严老师纳闷，刘明这么晚不回家在学校干什么。刚开始，刘明称跟他通话的女生是他的表姐，后来，老师故意问出一连串的问题，刘明开始语无伦次。最后刘明不得不承认，跟他通电话的那个女孩不是自己的表姐，而是自己在网上交的女朋友，那女孩给他打电话是要给他一个光碟，老师顿时明白了，估计，单纯的学生被骗了，这是黄毒。后来，老师证实，那个女孩给刘明的，的确是一张黄色光碟。

在老师的劝导下，刘明才逐渐明白自己差点成为黄毒的牺牲品，后悔不已，清醒认识到网络的危险后，刘明开始注意了，不再浏览一些黄色网页，也不随便和网络上的人聊天，他的父母发现儿子开始懂得是非黑白，心里宽慰多了。

的确，处于性启蒙期的青春期男孩，开始对性知识有了很多的好奇，但很多青春期男孩并不是通过书本、父母等正常渠道得到这些性知识，而是通过色情网站或者一些黄色光碟、图书、刊物等，他们比女孩子更容易受到诱惑，从而陷入一些黄毒的泥潭不可自拔。

大千世界五光十色，无奇不有，在我们的周围存在着很多很多的诱惑。有很多美好的诱惑，激励我们去追寻，但是，在我们的生活中，也有许多干扰我们成功、影响我们幸福生活、甚至严重危害我们身心健康的诱惑。有些诱惑成年人都难以拒绝，更何况青春期的男孩们。那些不良诱惑有时就像"吸血蝙蝠"，让人舒舒服服地上当，在不知不觉中成为它们的俘虏。其中就包括黄色暴力。

对此，我们父母，一定要告诫并引导青春期的男孩们，必须学会分辨并自觉抵制社会生活中的黄毒，才会有健康幸福的生活。否则，将会为之付出惨痛而沉重的代价。

心理支招

1.告诉男孩黄色暴力的危害

要想让男孩做到自我抵制黄色暴力，就要让他们认识到黄色暴力的危害，对于青少年来说，黄毒，容易让他们想入非非、频繁产生性冲动、过度手淫、纵欲、嫖娼甚至染上性病、败坏社会风气等，让男孩认识黄毒的危害，才能让他们做到不接触，不欣赏，不沾染，不模仿，自觉抵制黄毒的侵袭。

2.告诉男孩几点远离黄色暴力的方法

（1）遇到黄色的东西，比如淫秽影碟、裸体书画、印有裸体女人的扑克，及时告诉老师或家长并一律交大人处理，让自己平静下来，不受其影响。

（2）与周围的同学和朋友的话题要避开黄色暴力内容。

（3）不要到经营录像的游艺厅去看录像，也不要随意看家长借来的影碟。

（4）如果有人向你兜售影碟和光盘，要坚决不理睬他，更不要听信他们的花言巧语。

（5）经常参加有益身心的活动，如登山、游泳等，这些健康活动是驱除黄毒的灵丹妙药。

（6）要加强体育锻炼，多参加集体活动。

总之，青春期，是人生的迷茫期，这个时期的男孩的确很容易被黄毒诱惑，我们父母要做好监督工作，并引导男孩做到自觉抵制，才能将黄毒拒之于千里之外，当然，除此之外，社会、学校也承担着应有的责任。另外，更重要的是青春期的男孩们要做到有良好的自制力，好好控制自己，这是最不可忽视的一个环节。

第7章
别让青春期在键盘上敲过，引导孩子正确利用网络

相信任何父母都深知网络对现代人的重要性，作为父母，我们要想让儿子能适应现代文明，就必须引导男孩健康上网。很多父母为了避免儿子受到网络的毒害，因噎废食，其实，这是不正确的，上网也没那么危险，对于青春期的男孩来说，掌握信息技术、利用网络来学习，是能帮助他们提高学习成绩和拓宽视野的。但青少年好奇心强，渴望知识，面对游戏以及网上花花绿绿的虚拟世界，常缺乏冷静而客观的思考。父母一定不能掉以轻心，要为孩子建立起一个绿色、安全、健康的网络天地，引导其健康上网。

哈哈哈……这个
游戏真是太有趣了！
明明，这么晚了，
早点休息吧？
不是不能玩游戏，但要合理安排时间。
要开始做作业了。
21:10
正在关机
作业本

第7章
别让青春期在键盘上敲过，引导孩子正确利用网络

抵抗不住的诱惑——通过疏导，让男孩正确认识网络

家长的烦恼

程先生的儿子程程最近在网上发现了一个很好玩的游戏，孩子毕竟是孩子，对什么产生兴趣之后，就一门心思扑在上面，吃饭的时候，程先生叫了几次孩子都没反应。

晚上吃完饭，程先生把儿子叫到身边。

"儿子啊，你这个年纪，的确爱玩，这当然没错，但是你发现没，你最近玩游戏已经有点影响学习了。"

"是吗？"

"是啊，你看，你以前十点之前就能上床睡觉，可是现在要熬到十二点才能完成作业，测验成绩也是大幅度下滑啊！"

"是啊，这倒是。可是，这个游戏是新出来的，很多人都在玩，我也想玩啊。"

"要不，以后每天晚上你回来，饭前的时间你可以玩游戏，饭后，我就把笔记本搬到我的卧室，我们父子俩分开时间段玩，以后我们还可以交流游戏心得，这就不耽误你的学习了，你说好不？另外，我觉得以后上网呢，还是尽量多以学习为主，你说是不？"

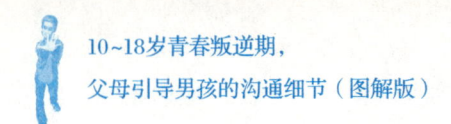

"爸爸，你真是太厉害了，好，我答应你，另外，这次期中考试你就看好吧，我一定拿个好成绩给你看看！"

相信很多父母都佩服程先生的教育方法，面对迷上网络游戏的儿子，他并没有强行制止儿子上网，而是与儿子制订规则，帮助儿子克制自己的网瘾。

现代社会，随着人们对信息的重视程度越来越高，对互联网信息的掌握程度越深，似乎就越时尚，这种观点在青春期的少男少女中更为明显，"上网"似乎是一种时尚的生活方式。

曾经有一个网上调查发现，很多青少年自己对泡网吧的利弊也看得相当透彻。然而，在近半数的人认为网吧影响了自己的生活和学习的同时，还是有少部分的青少年觉得自己已经对网吧产生了明显的依赖心理：如果几天不去网吧，心里就有惶惶然的感觉。或许对于他们来说，网吧在他们生活中的位置恰如一首歌里唱的那样："你是一张无边无际的网，轻易就把我困在网中央。我越陷越深越迷茫，我越走越远越凄凉。"

的确，网络的作用在现代社会中，已经无可代替，但同时，网络也毒害了这些成长期的孩子们，青春期的男孩比其他年纪的男孩更热衷于网络游戏，甚至有些青春期男孩上网成瘾，以致"衣带渐宽终不悔，为'网'消得人憔悴"，网吧成了他们的第二课堂。

网络的作用自不必说，主要是传播信息，作为学生还可以利用网络交流心得，获得知识。但青春期的男孩们，你们要明白，你们不能沉迷网络，沉迷网络对你们的身体、智力、心理方面都会产生消极的影响。

心理支招

1.身体素质方面

我们发现，那些经常沉迷于网络的男孩们，球场上没有他们的身影，公园里也没有他们的身影，长期对着电脑、待在网吧，造成他们情绪低落、疲乏无力、食欲不振、焦躁不安、血压升高、自主神经功能紊乱、产生睡眠障碍等，缺少锻炼更是让他们身体素质变差。

另外，沉迷网络还有可能引发各种疾病，比如，自主神经功能紊乱，内分泌失调，胃肠神经症、紧张性头痛。此外长时间敲击键盘可引起腕关节综合征；长时间注视电脑屏幕可导致视力下降、怕光、暗适应能力降低，长时间僵坐在电脑前可出现腰背肌肉劳损、脊椎疼痛变形等。

2.心理素质方面

长期上网会导致男孩不愿与人交往，逐渐导致他们性格孤僻，也就是人们常说的"网络孤独症"，也有一些男孩，把所有的精神娱乐都放在网络上，并开始"网恋"，认识一些社会不良人士，并陷入这些情感纠葛中，严重的甚至出现精神障碍、自杀等情况。

3.智力素质方面

网络是多功能的,很多青春期男孩上网并不是为了学习,而是为了玩网络游戏和聊天,于是,逐渐地,他们会失去(对)学习的兴趣,开始迷恋网络。他们正常的学习、生活秩序遭受破坏。他们在学习时间无精打采,学习成绩下降,有的(人)甚至厌学、逃学、辍学。

因此,作为父母,我们一定要告诉男孩这些沉迷网络的危害,并督促他们有规律、有目的地上网,因为学习才是青春期的主要任务,网络只是一个获得信息的渠道,绝不能让男孩沉迷于此。

网络世界真精彩——如何引导男孩上网的三类行为

家长的烦恼

这天,某小区里,三位女士聊起了自己的青春期儿子的教育问题。"哎,真愁人,最近我们家小军的成绩下降了不少,他就是爱玩游戏,我们把电脑搬到自己房间后,他就拿零花钱去网吧上网,刚开始,他会晚归,现在都彻夜不归了,真不知道怎么办?现在的网络真是害死人啊。"

"我们家明明的情况不同,他就爱网聊,我有一次无意中看到他的QQ挂着,我发现他居然有一千多个网友,真是吓死我了,你说孩子都把时间花在了和那些人聊天上，哪有心思学习？"

"是啊，不过我们家儿子的情况更糟糕，他网恋了，有天，他还很兴奋地给他的女朋友打电话呢，一口一个宝贝地叫着，真怕他上当受骗啊。"

"哎，真不知道怎么办才好……"

相信很多青春期男孩的父母都有以上三位母亲的苦恼：儿子沉迷网络游戏、网络聊天和网恋，该怎么办？

现代社会，互联网在给人们的生活带来方便的同时，也给人们带来一定的危害，尤其是孩子，现在的男孩，学会上网的年纪越来越小。对于青春期的男孩来说，上网聊天、玩游戏似乎已经成了每日必做的功课，男孩上网无可厚非，但沉迷网络，肯定不是什么好事。大部分家长对孩子上网都持否定的态度。其中担心影响学习、结交不良朋友、接触不良信息成为了家长们反对孩子上网的主要原因。

上网影响学习成绩，是家长们普遍的担忧。男孩长时间上网，会导致作业无法按时完成，上课质量下降，甚至会使他们过于依赖网络，利用网络来搜索作业答案，造成独立思考能力下降。未成年学生自制能力差，一旦迷上了上网，他们便会长时间"寄居"在网上，将大量的时间和精力都投入网络世界。

一般来说，男孩上网，从事的活动一般是：聊天、玩游戏，网恋三类，这是令父母最为头疼的事，这三类行为最易让

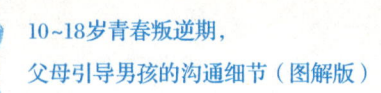

男孩产生网瘾。为此，我们有必要着力从这三个方面对男孩进行指导：

心理支招

1.应对网上聊天——教男孩学会自我保护

青春期的男孩自我保护意识不足，很容易相信虚拟世界中的人。针对这点，我们要告诉儿子，千万不能透露一些个人信息，比如，家庭住址、学校、身份证号码、财产信息等，因为对方可能别有所图，让男孩学会有所保留，才能自我保护。

2.应对网络游戏——转移男孩的注意力

如果男孩沉迷网络游戏，家长可以采取家庭疗法。家长应该多与孩子沟通，这种沟通不是简单地过问学习成绩，而是把男孩当成朋友关注他们的感情世界，和他们一起探讨其感兴趣的话题。另外，调查发现，喜欢网络游戏的孩子都很聪明、而且动手能力强，但是长期沉迷网络游戏却有可能导致他们的智力水平降低。这时必须转移他们对网络的注意力，可以多搞一些科技手工活动，充分发挥他们的特长，循序渐进地把求知欲和好奇心引向健康轨道。

3.应对"网恋"——巧言劝导、案例引导

在如今这个高科技时代，网络成为了许多人生活中不可缺少的一个重要成分，甚至网恋也在逐渐蔓延，虚幻的情感使得许多男孩为之神魂颠倒，并且人数呈上升的趋势。也许正是

虚幻的美丽，给了大家一个想象的空间，也给了网恋一个极大的市场。但毕竟网恋有的只是情感上、精神上的沟通，真正现实中的许多问题在网络上根本无法体现出来，网恋并不完全可靠，网络的虚拟沟通与现实中的真正接触还存在着一定的差距。网络上即使有爱，也必须在现实中才能得到发展，否则不过是空中楼阁，海市蜃楼，水中月镜中花。

青春期衔接着男孩的童年和青年，是人生的岔路口，是长身体、学知识、立志向的重要时期。失败的网恋，会让男孩有一种说不出的痛，因此，家长一定要对此重视，别让你的儿子成为网恋的牺牲品。

当我们发现儿子已经网恋时，（我们）绝不能打骂，而要巧言劝导，让男孩明白什么是真正的爱情，明白网络爱情的不真实，（我们）还可以运用摆事实的方法，以那些青少年被骗的案例来引导男孩了解网络的虚拟性，让其学会自己判断，最终"斩断情丝"，回归正常的学习和生活中。

总之，"父母是孩子的第一任老师"，面对男孩上网的三类行为，我们父母一定要给予引导，使其能安全、健康地上网。

我就是想上网——男孩上网成瘾怎么办

家长的烦恼

曾经有一篇报道,讲述一个15岁的少年小旭迷恋上网、沉迷网络游戏的经历。

小旭和很多90后的男孩一样追求个性、时尚、前卫。其实,小旭生长在一个很幸福的家庭,家里的长辈,尤其是爷爷奶奶很疼爱他。所有同龄人拥有的电脑、手机、MP4……长辈都给他买了。

小旭也一直是个很听话的孩子,但不知道为什么,到了初二的时候,小旭突然爱上了网络游戏,平时一放学就钻到网吧,要不就是去同学家通宵打游戏。家长知道这样不是办法,便跟小旭说了几句,谁知道,孩子不但不听,反而变本加厉,甚至偷钱去网吧上网,一气之下小旭的爸爸打了他一巴掌,从没被父母如此训斥过的小旭便负气离家出走了。

无奈之下的小旭父母只好报警,幸好,最后,警察在隔壁市的一间网吧找到了小旭。

给青春期男孩的话:

现实生活中,有不少和小旭一样的男孩沉迷网络游戏。不得不说,在现代社会,互联网的盛行,在给人们的生活带来便捷的同时,也毒害了不少不懂得有节制上网的孩子们。

不得不说，青春期的男孩似乎总是有解决不完的麻烦，其中就包括网瘾。一些男孩一放学就钻进网吧，或者回家就开电脑，网聊、网络游戏是他们的最爱，他们即使寄身于网络中什么都不做，也觉得愉快，可以说，这一问题已经让很多家长头疼不已。

网瘾对青春期男孩的种种毒害，不能不引起我们的忧虑：男孩沉迷于网络的原因是什么，我们应该怎么帮助他们？家长可以从以下几个方面帮助孩子解开网络的束缚：

心理支招

1.掌握网络知识，不做网盲

家长不懂网络，就不能正确引导男孩上网、督促男孩健康上网。家长应该注意发现男孩上网中碰到的问题，在上网过程中及时与其交流，一起制订有力的措施。同时家长还可以在电脑上设置防火墙，防止男孩受到不良文化和信息的影响。

2.和男孩一起上网

网络的确可能会给男孩的学习带来影响，但并不是洪水猛兽。网络的作用不能全盘否定。父母可以和男孩一起上网，这不仅能起到监督的作用，还能让父母和孩子共同探讨网络中遇到的很多问题，可谓两全其美。

3.定规矩，合理上网

家长应心平气和地与男孩定一些彼此都（能）接受的规则，比如，只能进入指定的几个网站；别人推荐的网站须经过家长同意才能进入；要保护自己和家庭，不能在网上留下家里的电话号码；上网时间不能超过两小时等。

4.把电脑放在家里的"公共场所"

父母可以把电脑放在家里的"公共场所"，如客厅或公用的书房等，这是帮助男孩安全上网最简单的方法。

5.男孩上网有瘾时，应多加监督和管理，逐步地帮助男孩戒除

对于孩子的网瘾，父母可以巧妙运用递减法。比如，从原来每天上网6小时改为5小时，再改为4小时，逐步减到每天一两小时，慢慢恢复到正常状态。不能急于求成，想着一刀下去斩草除根，要在循序渐进中收到成效。

6.引导男孩正确使用网络工具，让生活变得更精彩

网络是把双刃剑，我们应趋其利而避其弊，积极引导男孩科学理智地使用网络，成为网络真正的主人。网络的作用，我们已经深深体会到，我们要教会男孩利用庞大的网络和快捷的网络信息，为生活带来方便，比如，当全家要外出旅游时，你可以将查路线、订酒店等任务交给男孩；当你需要某种书籍时，也可以让男孩在网上为你购买，这让男孩体会到成就感的同时，还能开阔男孩的视野，培养男孩的生活自理能力。

其实，上网就像孩子上街一样，刚开始，你可以带着男孩，让其注意安全，遵守交通规则。等他熟悉了基本的路径后，家长就可以松开手，看着孩子操作。只有在男孩形成了良

好的上网习惯后，家长才可以轻松地站在男孩的背后！

青春期就不能上网吗——如何让网络成为有用的工具

家长的烦恼

孙女士自己经营一家公司，生意红红火火，工作顺心的她却一直为儿子的教育问题烦恼。最近，在朋友的推荐下，她找到了一位心理咨询师，希望这位老师能给她帮助。她是这样阐述自己的问题的：唐老师，您好，我是经朋友推荐知道您的，我听说您在教育孩子方面很有一套，您为很多家长解决了难题，很专业也很热心，我很感动，我们这些独生子女的父母真需要您这样的老师给我们指点迷津。

我儿子今年15岁，正在读寄宿初中，今年三年级了。他现在变得跟以前很不一样。记得小学的时候，他的学习成绩一直是班上前几名呢，在初一上学期，他性格也很活泼，但在初一下学期，他突然（变得）回家不爱说话了，迷上了网游，后来一放学就自己待在屋里，不管什么时候都要关上门，作业也不做。他现在整天不上课，不是上网吧就是在宿舍里睡觉，父母、老师的话都听不进去，上个学期考试好几门不及格。除了上网玩游戏外他什么爱好也没有，我曾试着带他一起锻炼、郊游、摄影、逛书店，但他哪儿也不去，周末回家后就是睡觉。原来我们以为这是青春期的表现，但已经快三年了，也不见好转，我都急死了，我还希望他能考上一个好的高中呢，我也不知道怎样才能改变他。您能告诉我怎么办吗？

现实生活中，可能不少男孩的父母都有案例中的孙女士的烦恼，网络是个大家关心的话题，孩子作为家庭的一员肯定要参加到这个问题里面来。尤其是进入青春期的孩子，他们在网上相当活跃。他们能在网上大量查询感兴趣的信息，喜欢浏览网页，并敢于向权威人士提问。除此之外，他们也开始建立朋友圈，与其他人分享经验和兴趣。是否能让孩子上网？答案应该是肯定的。但网络的负面作用早已毋庸置疑，针对这种情况，我们对家长提出以下建议：

心理支招

1.以身作则，起到监督作用

作为家长，自己首先应当以身作则，学会健康运用电脑、网络，有效地起到监督男孩的作用。如果你什么都不懂的话，小心了，你很有可能会受到孩子的欺骗。

2.不要杜绝男孩上网，网络并不是洪水猛兽

让男孩"远离网吧""远离网络"也只是让男孩远离网瘾毒害的权宜之计。长此以往，若几代人都要18岁后才接触网

络，造成网上信息资源的浪费是其次的，远离信息时代最重要的工具会使青少年的素质及心理健康大受影响。文明上网以预防网瘾为主，家长不要把网络视为洪水猛兽，网络是不能抗拒的发展工具，我们要主动迎接挑战。

3.运用多种措施对男孩加以引导

（1）要严格控制男孩子的上网时间。长时间凝视电脑屏幕会导致视力下降，进而近视；显示器产生的电磁辐射也会直接侵害孩子的身体；大脑由于处于长时间的紧张工作状态，会变得麻木，混沌；颈椎、脊柱等部位会因弯曲、久坐不动而变形、疼痛。除此之外，长时间上网还会对孩子的学习、生活产生不良影响。所以应严格控制孩子的上网时间，一般应控制在每天1小时为宜。

（2）要严格控制男孩上网的内容。网络上黄色、黑客等站点会对自制能力较差的孩子产生误导作用，家长在电脑上要安装网络过滤软件，并经常查看孩子上网的历史记录及收藏信息，发现问题要及时采取对策。

（3）教育男孩要安全上网，不要透露个人信息。家长要时常教育孩子坚决不要把个人及家庭信息暴露在网络上，坚决不要被别人诱导而将个人账号、生日、住址、工作单位等信息暴露出去。

（4）要引导男孩去上一些启发性强，与自然科学文化知识相关的网站，并引导男孩学会查找一些他们认为有趣的信息。

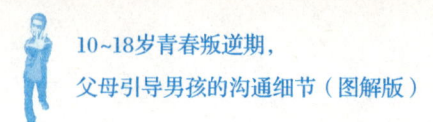

青春期的男孩毕竟自制力有限，面对网络的各种诱惑，很多大人都难以抵制，更何况他们，对此，家长只有加以监督和引导，才能让网络成为男孩获取有用的知识和信息的工具！

因为空虚才上网
——精神富足的男孩懂得迷恋网络的危害

家长的烦恼

王先生的儿子17岁了，刚上高二，从上高中开始，他每天的时间都是在网上度过的，除了吃饭和睡觉的时间，他的眼睛从没离开过电脑。他不喜欢上课，不跟同学聊天，也不去图书馆。

这天，班主任老师把王先生请到学校，对他说："王奎同学是个很聪明的孩子，刚到我们学校时，我记得他的成绩是前几名，但是现在几乎是班上倒数第一了，他不来上课，我已经没办法劝动他了，如果再这样下去，我只能让他退学。不过，我想知道王奎这是怎么回事，他为什么有这样大的变化？"

"是我的错，是我忽略了对他的关心，我从去年开始，公司出了点问题，我就一心扑在工作上，也没管过他，有几次，他都说要去云南玩，我太忙了，哪顾得上这些……"

"是啊，很多青春期的孩子之所以沉溺网络，是因为他们的精神世界空虚，缺乏父母的关爱。"

其实，这样的现象在生活中并不少见，为什么王奎对网络如此的着迷，原因只有一个，就是精神世界空虚。

沉迷网络的男孩，大多处于青春期，沉迷网络，其实只是一个表现，网络仅是一个载体，问题的本质在于家庭没有在男孩的成长中注入正确的成长因子。如果家长的教育出了问题，网络也好，游戏机也好，甚至体育运动、唱歌都有可能让男孩沉迷进去。我们教育青春期的男孩，除了要关注他们的学习外，还需要了解他们的精神世界，让男孩在关爱中成长，才是孩子健康成长的保证，而精神世界空虚则会让男孩试图寻找其他方式来填补自己的精神世界，网络就成了他们的首选。

因此，教育青春期的孩子，重要的是全方位细心地关注他的生活、学习中的真正需要，尊重他们，真诚地关心他们，让他们信任我们，（跟我们）像朋友一样交往。其实不仅是对待男孩沉迷网络这件事，对待男孩成长中的其他问题，也同样是这样。培养精神富足的男孩，这样的孩子才会得更多，更自信、更坚强、更聪明、更优秀、更健康，才能彻底改变自己以往的不良行为和习惯，从而树立正确的世界观、人生观。

那么，我们父母应该怎么做呢？

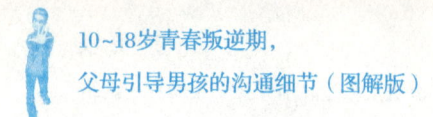

心理支招

1.多带男孩出去走走

有人说，读万卷书，不如行万里路。其实，哪一样都很重要。男孩的日常读书是一个持续的过程，而孩子在青春期的时候，要多带他出去体会不同的事物。对大自然的欣赏、对民俗风情的理解以及对另一环境里的人民的生活状态的认识，都会对男孩未来的生活和职业选择产生影响。

2.引导男孩读书

父母往往会把自己的读书兴趣和习惯传递给男孩，男孩会在潜移默化中受到影响。美好的亲子阅读时光和互动，不仅能让男孩自由地发问、思考，而且能增进亲子感情。父母对男孩理解书中内容的引导，会给男孩留下深刻的印象。

3.让男孩在游戏中学知识

每个男孩都不喜欢枯燥的学习形式，父母和男孩一起游戏，就能够在欢乐的气氛中把知识传递给男孩。

4.让男孩努力学习科学文化知识

学习始终是青春期男孩的天职，男孩如果想要进步，想要紧跟时代的步伐，要想超凡脱俗，就必须要努力学习。

5.丰富男孩的课余生活

诚然，青春期的男孩，最大的任务是学习，但这个时期的男孩是渴望交友、渴望倾诉的，我们要鼓励孩子交朋友，鼓励男孩多参加课外生活，让男孩劳逸结合，当男孩得到身心的放松后，他们也就不会觉得精神空虚了。

6.让男孩学会多探索，多记忆

（1）通过多种方式让男孩探索。男孩的记忆力是超过父母的想象的，他们在眼睛看、耳朵听的同时，还在积极思考。所以，父母可以通过各种方式让男孩在知识的海洋中探索。

（2）营造与孩子的亲密时光。男孩越大，越渴望与父母有交流，只是很多父母忽视了男孩的这种需要。

（3）全面看待男孩的"坏"习惯。男孩不是完美的，总是会有这样那样的"毛病"。比如，喜欢接话茬。如果我们完全禁止他，要他闭嘴，这在一定程度上会影响他的积极性。只有我们教导他如何正确地表达自己的看法，他才会更好地发挥自己的优点。

7.通过各种方式让男孩了解到现代网络的利与弊

家长要明白，把男孩和网络隔离开，是一种不明智的做法。正确的教育与引导才是明智的。

总之，青春期，正是男孩人生观和价值观的形成期，这个时期的他们，好奇心强、自制力弱，极易受到异化思想的冲击。网络既是一个信息的宝库，也是一个信息的垃圾场，各种信息混杂，包罗万象：新奇的、叛逆的，有趣味性的，不良信息对男孩的成长极其有害，我们要意识到这个问题，要通过丰富男孩的精神世界让男孩懂得沉迷网络的危害，男孩自然就能远离网络带来的弊端，健康向上地成长！

第8章
培养性格优点，好父母要给男孩的5个重要引导

青春期的男孩正处于人生的岔路口，青春期给他们带来的，除了身体上的巨大变化、逐步发育完全外，还有思想、心理上的变化，任何青春期的男孩都渴望成熟、独立，这个阶段后，男孩会变成什么样的男人，全靠我们的引导，我们要引导男孩变得坚强勇敢，引导男孩具有高度的责任感，引导男孩壮志凌云，引导男孩学会换位思考……要知道，任何一个男孩，在未经过正确引导的情况下，都不会如你所愿地健康成长！

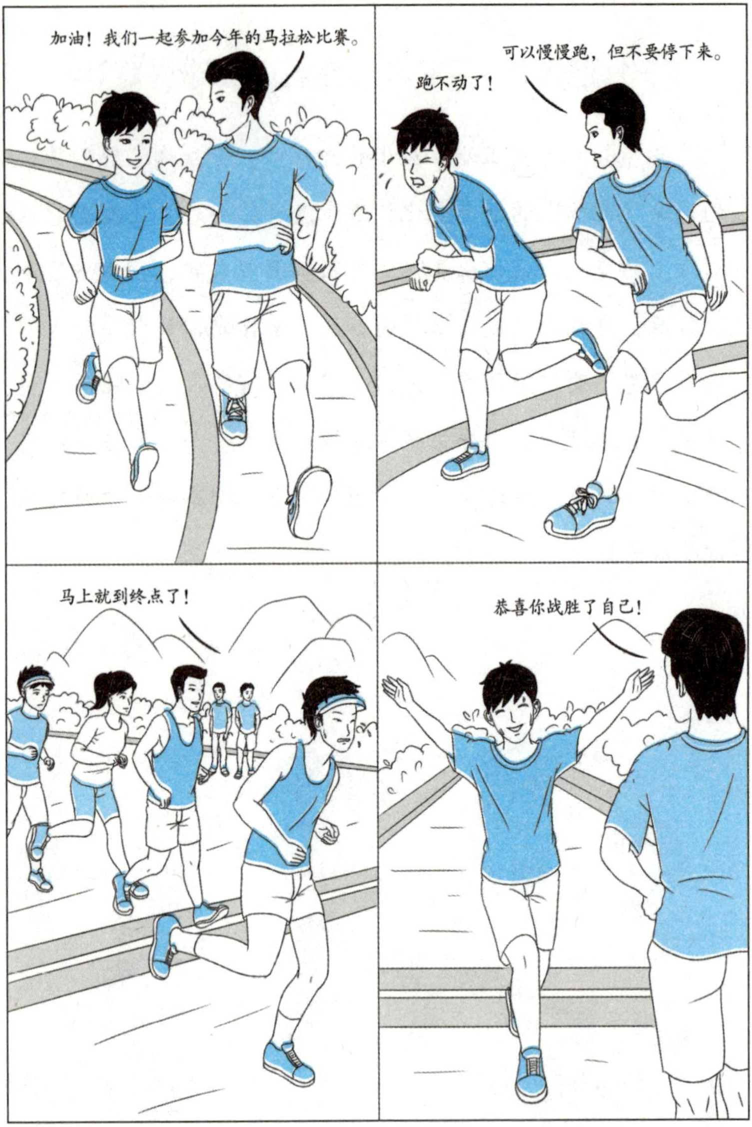
加油！我们一起参加今年的马拉松比赛。
跑不动了！
可以慢慢跑，但不要停下来。
马上就到终点了！
恭喜你战胜了自己！

第8章
培养性格优点，好父母要给男孩的5个重要引导

自信——赋予男孩自信心比什么都重要

家长的烦恼

森森一直爱好音乐，爸爸妈妈虽然不同意森森以后以音乐为生，但拗不过儿子，还是答应了森森的要求，每周末要么去学钢琴，要么去学小提琴。但森森是个三分钟热度的孩子，兴趣来得快，也去得快，爸爸妈妈从没想过森森能学出什么名堂来。

有一个周六的晚上，妈妈和爸爸一起去小提琴培训班接森森，回家的路上，森森说："爸妈，我想参加市里面的小提琴大赛，我们学校都没几个人敢报呢？你们说我可以报名吗？"

"我看你平时出于兴趣，去学一下那些乐器，我们是不反对的，可是我看你还是别报名的好，肯定没戏……"森森爸爸给儿子泼了一头冷水。

"你可别这么说，谁说我们森森没戏了，我看森森很有音乐天赋，森森，你去报名，妈妈相信你一定可以的！"受到妈妈的鼓励后，森森顿时精神大振。

从那天后，森森把每天的空余时间都拿来练琴，小提琴拉得越来越好，果然，在市里的初中生小提琴大赛上，森森不负

厚望，取得了第二名的好成绩，而淼淼妈妈也认为自己是最有眼光、最明智的妈妈。

自信心是一种积极的心理品质，是人们开拓进取、向上奋进的动力，是一个人取得成功的重要心理素质。自信心在个人成长和取得事业成就中具有显著的作用。对于成长阶段的男孩来说，如果他缺乏自信心，常常表现为胆怯、遇事畏缩不前、害怕困难、不敢尝试，他的认知能力、动手能力、交往能力及运动能力等就会发展得缓慢；相反，男孩具有自信心，胆子大，什么事都敢尝试，积极参与，各方面就会发展得快。

男孩进入青春期后，生活、学习环境的改变，竞争压力的加大，很容易挫伤孩子学习、交际的积极性，让他失去信心，同时，来自家庭的因素，比如，男孩从小到大，衣来伸手饭来张口的习惯，会让男孩什么也不会干，如果男孩从小不学习动手做事，他的自信心也就会越来越缺乏了。

初中阶段，也是一个人个性、心理品质形成的重要时期，这时期的男孩是否自信，也影响到他未来人生路上是否能勇敢面对各种挑战，决定了将来他们是否能成为充满自信、有坚强毅力和足够勇气的男人。因此，自信这种心理品质应该从家庭起步，在青春期阶段着重培养。言传不如身教，培养男孩的自信心，不是单纯的几句说辞就可以做到，而是需要父母从生活中的点点滴滴入手。

心理支招

1.发现男孩身上的闪光点

教育要严格,并不是说要将男孩批评得一无是处,为此,我们最好从多方面、多层次了解和评价,不能只盯住他的缺点。

然而,对于很多家长来说,似乎"孩子总是别人的好",别人的儿子听话、懂事,自己的孩子似乎总是"不成器",而对于自己儿子的长处和优点视而不见,充耳不闻,说什么"成绩不说跑不了"。人们常常可以听到男孩的强烈抗议声:"我什么优点都没有吗?""为什么老批评我?"你应该承认,你的儿子也有优点,只是你没有注意,孩子为什么总是考不好,不是孩子不认真学习,而是你一味地贬低他,让他失去了信心,如果你开始发现他的优点并加以赞赏,想必你的孩子一定会信心大增。

2.让男孩从成功的喜悦中获得自信心

成功伴随而来的是无比的喜悦以及对自己的坚定信心。所以先让男孩尝尝成功的喜悦,就是使男孩建立信心最简易的方法。当他做成一件事后,你首先应该夸奖他,告诉他:"你做得真棒!"适当的时候,你可以采取一些物质奖励的方式。而当男孩缺乏自信时,你可以告诉孩子:"勇敢一点,爸妈为你骄傲!"当男孩体验到成功的美好后,他也就不会畏首畏尾,而是大胆地去争取了。

3.不对男孩用"否定词、限制词、挑剔词"

有的父母认为,"棍棒之下出人才。"而事实上,那些很少受到父母表扬、总是被父母批评的男孩很容易对自己失去自信心,对自己力所能及的事都会产生退缩心理,从而慢慢地失去主动性,形成对任何事都漠不关心的态度。

作为父母,生活中,我们总是用否定词、限制词或者挑剔词来跟男孩说话,比如,"不许""不能""不要""不可以"等否定词,"应该""只能""必须"等限制词,最常用的"太差劲""太不像话了"这些挑剔词语。

试想,否定词、限制词、挑剔词这些不良的教育语言,等于给家庭语言亮起"红灯",会使男孩觉得很累、很烦、很郁闷,使他们整天接受父母的负面暗示,最终会变得自卑起来。

事实上,男孩天生是自信的,但在一些男孩接受的后天教育中,他们很少成功,经常被父母批评,以致于开始变得胆小、自卑、消极,这对于男孩的成长是极为不利的。因此,为人父母,我们有必要关注孩子在成长过程中的情绪变化,一定要避免让孩子产生自卑情绪。

总之,作为父母,我们要明白的是,我们一定要让男孩始终拥有积极正面的能量,应该赞扬和鼓励他,让男孩远离自卑,树立自信心,他才能获得快乐、健康成长。

责任感——有责任的男孩才能成大器

家长的烦恼

一个9岁的美国男孩踢足球时,不小心打碎了邻居家的玻璃。邻居向他索赔13美元。那是在1920年,当时13美元可是笔不小的数目,足可以买125只生蛋的母鸡。男孩没有办法,只好去向父亲承认错误,请求父亲的帮助。然而,父亲却斩钉截铁地说,男孩必须对自己的过失负责。

"我哪有那么多钱赔人家?"男孩非常为难。

"我可以借给你。"父亲拿出13美元,"但一年之后你必须还我。"

于是,男孩开始了艰苦的打工生活。经过半年的努力,他终于挣够了13美元这一"天文数字",还给了父亲。这个男孩就是后来的美国总统里根。他在回忆这件事时说:"通过自己的努力来承担过失,使我懂得了什么是责任。"

生活中的父母,也应该像故事中里根的父亲一样,从身边的小事开始,培养男孩子的责任意识,让孩子意识到责任的重要性。

责任心对于一个男人来说,至关重要。男人最重要的品质就是责任感。事业有成者,无论做什么,都力求尽心尽责,丝毫不会放松；成功者无论做什么职业，都不会轻率疏忽。这就是一份责任。青春期是男孩个性、品质的形成期，父母必须着力培养男孩的责任感。影响一个人意志形成的因素有很多，家庭环境是十分重要的因素，家长的言行对男孩的人格发展有潜移默化的作用，"让男孩从小磨炼出勇于担当责任的品质，才会把男孩培养成一个真正的男子汉。

对家长来说，培养男孩的责任感，正确的教育方法很重要。从现在起，作为父母，一定要摒弃那些教育男孩的误区，具体来说，家长可以做到：

心理支招

1.从男孩的动手能力开始培养，让男孩自己的事自己做

孩子的事情家长不应"大包大揽"。中国式家长，对男孩的事往往是"帮你没商量"，主观地为男孩做决定，结果往往事与愿违。如果我们把选择的权利交给男孩，男孩就会对自己负责，就会做出让你感到吃惊的成绩来。

对自己负责就要自己的事情自己做。比如，父母要让男孩做到这些：每天早晨闹钟一响，就应该马上起床，再困也要起来，准时去上学。遇到刮风或雨雪天气，就应该提早起床，坐不上车，走也要走到学校，绝不能迟到。自己的书包、书籍、衣物等物品自己整理，自己的房间自己打扫。你要让孩子明白，对于以上这些事情，他不能依赖父母，要让他记住"这是我的责任"。

2.培养男孩的孝心，让孩子对家庭负责

作为家长，可适当地让男孩了解一些父母的忧虑和难处，提出一些问题，引导男孩独立思考和选择，大胆发表自己的见解。也可以让男孩表达自己的孝心，比如，当家里的长辈过生日时，你可以要求孩子自己动手制作一份生日礼物，并让他写上一句知心的话，让男孩明白家庭的美满幸福要靠爸爸妈妈和自己的共同参与，进而增强孩子对家庭的责任心。让男孩关心父母，主动帮父母做些力所能及的事，从而让其记住"这是我的责任"。

3.鼓励男孩大胆参加集体活动，让男孩对集体负责

集体责任感的树立还是要回到集体中，如果你的男孩子性格内向，不愿意参加一些集体活动，你一定要给予鼓励："我相信你一定可以表现得很好！"父母的鼓励是对男孩最大的肯定。同时，当男孩在集体中犯了错误时，也要鼓励孩子承担责任。例如，男孩跟着爸爸妈妈去朋友家做客，不小心损坏了物品。这时应该让孩子知道，是由于自己的过错，才造成了这种后果，应当给予赔偿。之后一定要带男孩一起买东西去朋友家道歉。

4.适当放手，让孩子体验社会生活，让男孩对社会负责

男孩毕竟是要经历社会的洗礼的，初中阶段，他们已经具备一定的社交能力和参与社会活动的能力。我们不要老是把男孩拴在身边，这样对男孩有害无利。男孩就是一张白纸，你

把他描成什么样,他将来可能就是什么样,从小让男孩学做高山,男孩就会长成山;从小让男孩学当大伞,孩子长大了就能顶天立地!

5.父母要对自己的言行负责,做男孩的榜样

无论作出什么许诺,都要尽可能地实现,如果不能实现的话,一定要向男孩说明。告诫男孩不要轻许诺言,一旦许诺,就必须遵守。家长自身对家庭、对社会的责任心如何,对孩子来说是一面镜子,父母的责任心水平可以折射出男孩的责任心。一个对家庭、社会毫无责任感的父母,不可能培养出有责任心的男孩。

总之,父母对青春期男孩的责任心的培养应遵循这样一个规律:从孩子自己到他人,从家庭到学校,从小事到大事,从具体到抽象!

专注力——引导"毛毛躁躁"的男孩学会专注

家长的烦恼

费晓波是某中学的理科状元,中考毕业后,市里的记者来采访他。

在校办公室,班主任严老师很开心,她说:"晓波能够取

得这样的好成绩与他的踏实好学有很大的关系。"

严老师说:"费晓波是个非常明事理的孩子。在他人眼里,费晓波的爱好很少,他因为专注于学习,所以能够取得好成绩。此外,在生活上,费晓波也非常自立,而且非常懂得关心周围的人。"

"好学生也会有问题,比如费晓波喜欢看书,他的思想有时候显得要比其他孩子成熟,所以,与人相处时,有时候他会表现得居高临下,我注意到这个细节,曾经找他谈心,后来,费晓波成了班里很多同学的好伙伴。"严老师说。

后来,费晓波的父母也被请到了校长办公室。"晓波好静,他很专注于做一件事,这次他考出好成绩,我为他高兴。"费晓波的妈妈说。

我们看出,费晓波之所以能取得好成绩,其中一个重要的原因就是——学习专注。托马斯·爱迪生曾说过:"成功中天分所占的比例不过只有1%,剩下的99%都是勤奋和汗水。"对于青春期的男孩来说,在未来社会,他们只有专心致志于一行一业,不腻烦、不焦躁,埋头苦干,不屈服于任何困难,坚持不懈,他们才能造就优秀的人格,而这种专注的品格必须从小培养,从日常的生活和学习中培养。

作为男孩的父母,我们也应该深知,专注是一种良好的助人成功的品质,从现在开始培养男孩的这种品质,才能让他在人生路上收获成功。

对于学习阶段的男孩来说,他们最主要的任务是学习,而学习并不是一件轻松的事,浮躁心态是学习的大敌,是学习失败者的亲密朋友。因此,在学习上,要想提高他们的成绩,我们父母就必须训练他们专注的学习习惯。具体来说,我们可以这样做:

心理支招

1.为男孩寻找一个行为榜样

比如,王羲之就是个学习专注的人。

王羲之小的时候,练字十分刻苦。据说他练字用坏的毛笔,堆在一起成了一座小山,人们叫它"笔山"。他家的旁边有一个小水池,他常在这水池里洗毛笔、冲砚台,后来小水池的水都变黑了,小水池便被人们叫作"墨池"。

长大以后,王羲之的字写得相当好了,他还是坚持每天练习。有一天,他聚精会神地在书房练字,连吃饭都忘了。丫鬟送来了他最爱吃的蒜泥和馍馍,催着他吃。他好像没有听见一样,还是埋头写字。丫鬟没办法,就去告诉王羲之的夫人。夫人和丫鬟来到书房的时候,看见王羲之正拿着一个沾满墨汁的馍馍往嘴里送,弄得满嘴乌黑。她们忍不住笑出了声。原来,王羲之边吃边看着字,错把墨汁当成蒜泥蘸了。

夫人心疼地对王羲之说:"你要保重身体呀!字写得已经

不错了，为了苦练把身体弄坏就不值得了。"

王羲之抬起头，回答说："我的字说是不错，但那都是学习前人的写法的。我要有自己的写法，自成一家，不苦练是不会成功的。"

经过艰苦的摸索，王羲之写出了一种妍美流利的新字体。大家称赞他写的字像彩云那样轻松自如，像飞龙那样雄健有力。王羲之被认为是我国历史上最杰出的书法家之一。

王羲之是个做事专注的人，他的故事告诉我们，学习是一件容不得半点马虎的事，要想学有所成，就必须做到专注。

2.协助男孩学会拟订做事计划

你可以告诉他，无论是学习还是其他事情，都不要把注意力过分放在整件事情上，而应该先拟订一个切实可行的计划，并努力做好第一步，而后再努力做好第二步，第三步……如此各个击破，最终达到自己的目标。

3.告诉他不要同时做两件或两件以上的事

可能你也发现，你的儿子，无论是不是在学习，都把电视开着，或者边玩游戏边学习。试想，这样怎么能聚精会神呢？这样他自然不能集中精力去学习，久而久之，他便养成了一心二用的坏习惯。

为此，你必须帮他克服这一缺点，让他做习题时就专心做习题，玩游戏时就痛快玩游戏，经过一段时间，你会发现，他无论做什么事，都专注多了，而最重要的是，他的效率也提高了很多。

总之，专注、认真是任何人要做好一件事情的前提，如果对什么事情都敷衍了事，草草出兵，草草收兵，必然什么事都做不好。认真、专注还是一种习惯，要男孩养成专注于学习的习惯，还需要身为父母的我们在平日里的帮助。

意志力——意志力就是男孩的成功力

家长的烦恼

杰克·韦尔奇在全球享有盛名，他被誉为"全球第一首席执行官""最受尊敬的首席执行官""美国当代最成功、最伟大的企业家"。

每个人的成长过程中总有一些回忆，韦尔奇也有，他曾经这样回忆自己的一段经历："我是个自信的人，但我也有缺乏自信的时候，我记得那是1953年的秋天，那是我上马萨诸塞大学的第一周，我很想家，我想母亲，我住不惯。我的母亲是个很爱孩子的女人，她从家要开车三个小时才能到我的学校，但她经常不辞劳苦来看我，给我打气。"

面对沮丧的儿子，他的母亲说："你看看你周围的这些同学，他们也是离家很远，但他们却没有你这么想家，你要努力，要表现得比他们还出色。"尽管韦尔奇当时并不是很出色。

母亲的这番话确实对韦尔奇产生作用了，不到一个星期，韦尔奇就振作了，他信心十足地融入周围的同学中，并且，在第一学期的期末考试中，他的成绩还不错。

对于韦尔奇来说，他的母亲的这番话是有力的，这番话让他受到了极大的鼓舞。

韦尔奇的故事能给男孩的父母一些启示，意志薄弱者，最终都会与成功无缘。教育个性、人格形成期的青春期男孩，一定要着手锻造男孩的意志力。

对于成长中的男孩来说，困难和挫折是一所最好的学校，在这所学校里，男孩能历经磨炼，"艰难困苦，玉汝以成。"没有尝过饥与渴的滋味，就永远体会不到食物和水的甜美，不懂得生活到底是什么滋味；没有经历过困难和挫折，就品味不到成功的喜悦；没有经历过苦难，就永远感受不到什么叫幸福。从这个角度看，为人父母的我们，如果想让我们的儿子变得勇敢和坚强，就要学会"穷养男孩"，就要放开手，让孩子吃点苦。

心理支招

1.让男孩接受一些挫折教育

事实上，挫折总是难免的，人生活在社会上，由于自然因素和社会因素，遇到的不可能全是掌声和鲜花，成功和荣誉，更多的是泪水和挫折，比如天灾、人祸、疾病、朋友的背信弃义、理想的突然破灭，往往让我们本来美好的家园一夜之间化为乌有。

要知道，对于任何人来说，挫折都是一种珍贵的资源，也是一种人生的财富。古今中外的理论和实践都证明：挫折教育可以增强男孩的适应能力、磨炼他们的意志、让他们形成自我激励机制，这正是男孩们成长所必不可少的"壮骨剂"。

为此，我们父母可以让男孩完成适当的家务，如打扫卫生，洗碗，清理房间等，还可以多参加社会实践和公益活动等，男孩在犯错和挫折中得到锻炼成长。

2.设定清晰的目标，才有坚持的动力

心理学家/实验已经证明了目标和成功之间的关系，这一点也已经被我们家长自身的经验所反复验证过。一个目标，一个明确的承诺，可以集中我们的注意力，帮助我们找到实现目标的路线。目标可以简单到购置电脑，或复杂到攀登珠穆朗玛峰。心理学家告诉我们，信念是会自我实现的预言，当我们背上行囊准备出发时，我们已经相信自己可以到达目的地。

同样，锻造青春期男孩的意志力，也要从帮助他们树立目标开始，有了目标，他们才能学会正确地定位自己、认清自己，看到自己的价值，然后找准方向，挖掘到自己的内在动力，不断朝着目标奋进，即使遇到挫折，也会因为有目标的鼓励而再坚持一秒。

3.教男孩学会权衡利弊

人们常说,坚持就是胜利,我们也常常会用这句话来鼓励那些做事容易放弃的男孩,但事实上,这句话就是绝对的真理吗?如果坚持了错误的方向,那么,我们就会在这条错误的道路上越走越远,因此,坚持还是放弃,我们是需要权衡的。

我们也应该告诉男孩,锻造坚忍的意志力,并不是盲目坚持,而是应该懂得反思,审视自己的行为,懂得权衡利弊,只有这样,才是理智的坚持。

总之,我们都知道,每个男孩都将面临未来社会激烈的竞争,都需要勇气,有时需要的还是很大的勇气。虽然它没有硝烟,但有时候面临的恐惧足以摧垮人的意志。因此,每个男孩都必须要勇敢,都必须要有意志力,我们父母,要想锻造这样的男孩,就要在男孩青春期阶段为他"制造"一点挫折,让男孩学会在逆境中保持自信,学会在挫折面前保持乐观,泰然处之;培养男孩的韧劲和抗挫折的能力,以及受挫折后的恢复能力,还有不向挫折低头的精神。

自主——培养有主见的男孩

家长的烦恼

初一的时候，小星就喜欢上了信息技术这门课程，平时一有时间，他就开始"钻研"电脑，但他的父母则明文规定，不许玩电脑，放学后必须做作业和练习，这让小星很不高兴，于是，放学后，他就尽量不回家，或去同学家或去网吧。不过说也奇怪，小星在这方面确实很有天赋，在那年市青少年科技创新大赛上，小星获奖了，这让他的父母吃了一惊，并重新认识了孩子"玩电脑"这一情况。但小星却不领情了，他用自己的奖金买了电脑，从此一放学就把自己关在房间里。有时候，父亲为了"讨好"他，主动向他请教电脑方面的知识，他也不理睬。

有一次，父亲听老师说小星自己建了一个网站，便想看看儿子的成果，这天，他看见儿子的房门没关，电脑也开着，就打开看看，结果他却听到儿子在身后吼了一声："谁让你动我的东西？"因为自己理亏，父亲也没说什么，不过，从那以后，小星的房门上就多了一把锁。

在这个案例里，小星为什么不愿意和父母分享自己的个人爱好与努力成果呢？很简单，因为父母曾经否定过自己的爱好。很明显，面对孩子喜欢玩电脑的情况，小星父母的处理方式不恰当，男孩对现代科技的爱好和探索，家长应予以正确的引导和鼓励，不能以一成不变、简单粗暴干涉的方式来约束他，应该突破传统教育的固定模式，家庭教育也需要与时俱进。

可能很多父母都会认为，儿子只要听话、省心就好，然而，这样的男孩只能生活在父母的臂弯里，因为没有主见，更不能自立。而男孩必须自立自强，因为社会赋予男人更多的责任，所以男人需要面对更大的困难，需要不懈地自我奋斗，可以说，成功男人的成长和成熟是一个不断挑战自我、艰苦奋斗的过程。诚然，听话的男孩让父母安心，因为这样的孩子，在小时候可以避免许多不必要的危险和麻烦。听话的男孩也让父母欣慰，因为听话的孩子肯定不笨，理解力强，善解人意。然而，这是一个强调创意的年代，作为男孩，如果习惯于听话，那么，在未来社会，他就很可能迷失自己，因为当找不到那个权威的发话人时，他不知道该听谁的。

心理支招

具体来说，我们需要做到：

1.给男孩表达意愿的机会

相当一部分家长害怕男孩走错路，习惯于事事为儿子做出决定，而少有征求儿子的意见；一旦男孩不遵从，就大加责备。其实儿子有自己的想法，家长在任何时候都要注意让男孩充分表达自己的意愿,给他表达自主思想的机会。

事实上,相对于乖巧的女孩来说,男孩更调皮一些,尤其在成长期,他们总是做出一些让父母深感意外的事,而其实,这正是男孩探索世界的表现,作为父母的我们,要学会理解他们的想法,而不是一味地压制,如果你总是告诉他们不许这样,不许那样,那么,男孩很有可能变成什么都不敢尝试的懦夫。

2.不要总是命令男孩

很多家长在要求儿子做事时,往往喜欢使用命令句式,因为他们以为,男孩天生是听话的,应该由别人来决定男孩的一切,如"就这样做吧""你该去干……了"。而这种语气会让男孩觉得家长的话是说一不二的,自己是在被强迫做事,即使做了心里也不高兴。

家长不妨将命令式语气改为启发式语气,如"这件事怎样做更好呢""你是否该去干……了",这种表达方式会让孩子感觉到家长对自己的尊重,从而引发男孩独立思考,按自己的意志主动处理好事情。

3.尊重男孩的爱好,鼓励他做自己喜欢做的事

男孩调皮,喜欢做做这个,试试那个,家长便会担心孩子无心学习,或者染上什么不良的习惯、接触社会上那些坏孩子等问题。有时候,我们越是干预,越是阻止,男孩越是会义无反顾地去做。其实,我们应该做的,首先就是相信他,你要告诉他,无论你选择什么,爸爸或者妈妈都相信你,但是你也

要做出让爸爸妈妈相信你的事情，在保证学习不受影响的情况下，爸爸妈妈允许你做自己喜欢的事。

4.让男孩随时随地自主选择

家长对男孩自主选择的尊重，可以随时随地体现在最简单的日常生活中。

（1）吃的自主。当男孩能力所能及时，在不影响他饮食均衡的情况下，家长可以让男孩自己选择吃什么。例如在吃饭后水果时，家长不必强迫儿子今天吃苹果，明天吃香蕉，而要让男孩自己挑选。

（2）穿的自主。男孩也喜欢好看的衣服，家长带男孩外出玩耍时，在保证安全、健康的前提下，可以让他自己决定穿什么衣服，切忌随自己喜好而不顾他的感受。

（3）玩的自主。不少男孩在玩游戏时，并不想让成人教给他们游戏规则，更愿意自己决定游戏的方式，并体验其中的乐趣。家长可让他自己选择玩具和玩的方法，这样做可以极大地满足他的自主意识，帮助他成为一个有主见的人。

当然，不给男孩制定太多的规则，不代表没有规则。具体事情要具体对待，可根据他出现的问题临时性给他制定规则，但一定要征求他的意见，请他参与到规则制定中来。

第9章
价值观养成：男孩要勇于担当，培养有出息的男子汉

在中国的应试教育下，人们常说，分分分，小命根。考重点上大学，将来才会有出息。我们也是常常这样教育青春期的男孩，希望男孩能抓紧青春期的时间努力学习，但实际上，比分数更重要的是价值观，任何一个男孩，只有做到正直、善良、有担当、有理想，才能成为一个真正的男子汉，而这些，都需要我们对男孩进行价值观引导。因为青春期的男孩正处在人生的岔路口，男孩最终会长成什么样的人，都是父母引导的结果。

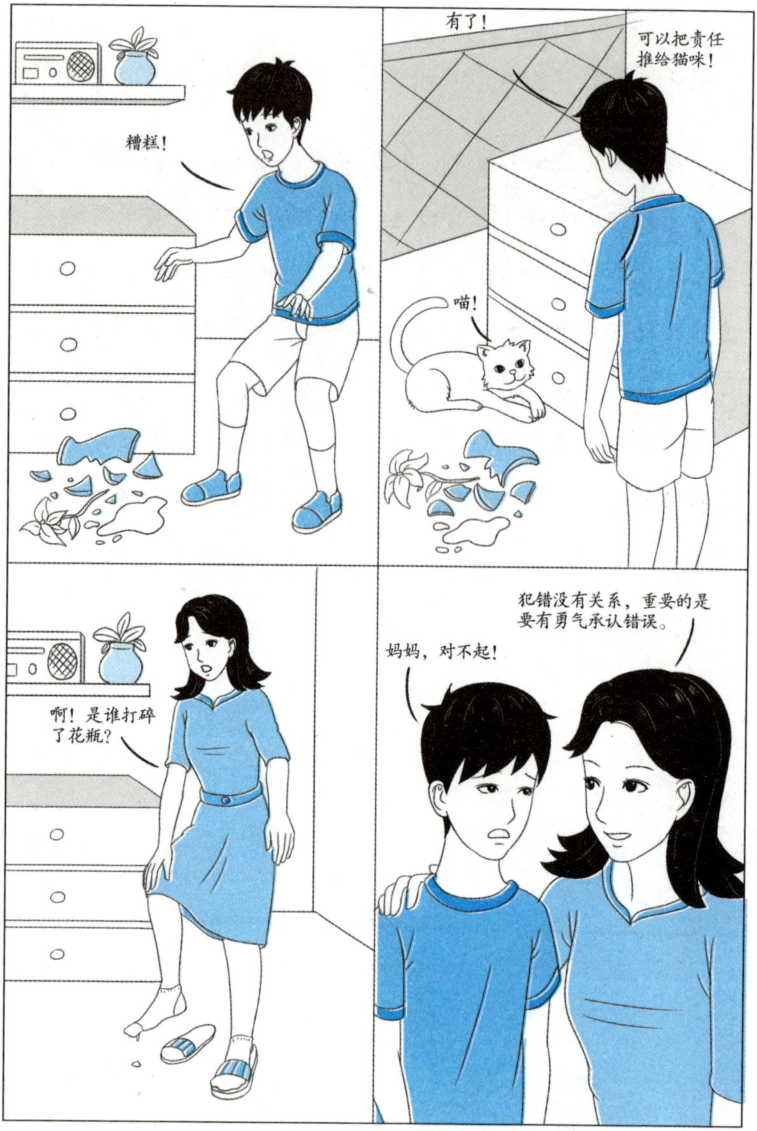
糟糕！
有了！
可以把责任
推给猫咪！
喵！
啊！是谁打碎
了花瓶？
妈妈，对不起！
犯错没有关系，重要的是
要有勇气承认错误。

男孩开始"学坏"怎么办
——引导男孩树立正确的是非观念

家长的烦恼

陈智是个很懂事、很善良的男孩,而他善良的性格,是从自己很小的时候,爸爸就开始培养的。爸爸常常给陈智讲故事、讲历史。陈智至今保存着两块珍爱的徽章,一块上面写着博爱,一块上面写着天下为公,他常常将它们别在胸前,那是小时候爸爸送给他的,爸爸希望他长大成为一个爱自己的国家、爱自己的民族、有社会责任感的人。他告诉陈智,人不能光为自己活着,要像孙中山先生等志士仁人一样,以天下为己任。

上中学后的陈智,在学校里正直是出了名的,只要他看见高年级同学欺负那些低年级同学,他都会主动站出来。在家里,爸爸要是骂妈妈,他也会替妈妈说话。他记得最清楚的一件事是,有一天晚上,他从老师那儿补课回来,他看到有几个小混混在后巷打人,他很害怕,但他还是勇敢地报了警,当警察把这些坏人抓起来后,他觉得自己很光荣。因为这件事,陈智还被校长表扬了。自打这件事后,陈智决定,以后一定要做个正直的人,要敢于指出一些不公义的事。

的确，正直、善良、忠诚的人是高贵的；丢弃了这些品格的人生是低下的。高尚的品格是比金钱、权势更有价值的东西，也是成功的最可靠资本。

的确，自古以来，中国人就大致把生活中的人分为两类，一类是君子，一类是小人，并常常用"君子坦荡荡，小人长戚戚"来形容二者最为明显的区别。那到底什么是君子，什么是小人呢？关于他们的划分标准有很多，其中，是否正直、坦荡则是最重要的标准之一。当一个人正直坦荡，他便是君子，别人对他的尊敬加礼便成为其做人的最高奖赏。

相信任何父母都希望自己的儿子能在未来成为一个人人敬佩的君子，但我们也听到一些家长反映：儿子进入青春期后，好像学坏了怎么办？尤其是在接触一些社会青年后，孩子开始怀疑家长的教育观念。对此，我们父母一定要进行引导，青春期正是男孩个性与品质的形成期，男孩学坏，如果我们听之任之，那么，就很可能会让男孩因为疏于管教而误入歧途，让其后悔终生。

引导青春期的男孩树立正确的是非观念，我们家长要做到：

心理支招

1.让男孩树立正确的是非观念

可能有一些男孩会产生疑问，我现在才十几岁，现下的主要任务是学习，其他事应该充耳不闻。其实不然，我们每个人，都应该在心里立一杆秤，对于是非黑白，一定要有辨别能力，这是任何一个社会人应该有的责任心，男孩也不例外。

因此，尽管现阶段的男孩还是个孩子，但他们也应该学会辨别是非。我们要告诉男孩，当你发现有人违背原则，你应及时制止，把责任心传递给周围的人。

2.从小就要培养男孩的好习惯

可能有些男孩会说，随着年纪的成长、经历的增多，谁能真正做到不染世俗、一身正气？对此，我们要告诉男孩，这二者并不冲突。男孩要从小开始，就养成良好的行为习惯，比如：守纪、守信、守法，坚决不骂人、打人、偷东西、毁坏公物、随地大小便、扔垃圾、墙壁上乱画乱抹、霸道、自私等，不要小看这些，日积月累，当男孩长大后，他们就会形成自己的一套做事原则，即使他们饱经世事，他们也不会因此变得圆滑、世俗，而是依旧秉持着正直坦荡的做人原则。

总之，男孩在少年时就一定要赶快积累知识和财富，同样也要注重德行的修养。我们父母要着力培养男孩明辨是非的能力，一个能明辨是非的男孩就绝不是一个自私、狭隘的男孩，这样的男孩才不会活在自己的小世界里，会立志对国家和社会作贡献，长大后才会有出息，总之，这种品质的养成将会对男孩的一生都大有益处！

"我在为谁努力？"——引导男孩认识人生是自己的

家长的烦恼

这是一个初中男孩的日记："我出生在一个十分幸福的家庭，爸爸妈妈十分相爱，但是我不快乐。从小就是妈妈管我学习，爸爸在外面挣钱。每次我除了做完老师布置的习题，还要完成妈妈布置的额外任务。记得有一次妈妈对我说做完20道题就可以出去玩儿，然后她就去做饭了。为了投机取巧，我把前后几道应用题做完就说自己做完了，我想，妈妈是不会发现的，然后我就出去玩了。天黑的时候我才依依不舍地回家。

一到家，我就觉得什么地方不对，只见妈妈沉着脸叫我进屋，问我：'题都做完了吗？'我心虚地说：'做完了。'妈妈生气了，问：'真的吗？'我不敢说话，闷闷地站着。妈妈更生气了，说：'你为什么要撒谎？你以为你学习是为了谁？'我还是不说话。只见妈妈一下子冲到桌子面前，呼啦一下把我桌子上的笔、本子和书全都扫到地上，然后气呼呼地转身走了。

我吓坏了，妈妈尽管对我比较严厉，但是从来没有发过这么大的火，就算是她打了我，我也没有这么害怕过，因为每次妈妈打完我最后还是会哄哄我的。我一个人呆呆地站在那里，不敢动也不敢说话，心想：要是以后妈妈再也不管我学习了可

第9章
价值观养成：男孩要勇于担当，培养有出息的男子汉

怎么办？屋子里渐渐暗下来，妈妈没有来，也没有别人来叫我去吃饭。

就这样不知道过了多久，我收拾好散落一地的书、本子和笔，鼓足勇气走到妈妈面前，对妈妈说：'妈妈，我错了，我不该骗您，以后我不这样了。'妈妈当然马上就原谅了我。

虽然那次妈妈没有打我，但是我真的吓坏了。从那以后，我再也没有骗过妈妈。但是，学习究竟是为了谁呢？"

作为家长，看完这个故事，是否有所感触？相信你的儿子也可能会像故事中的男孩一样认为努力学习是为了父母的面子、老师的名声？不得不说，如果男孩这样认为，那么，他肯定会觉得读书、学习是一种负担，没有了学习动力，又怎么能学得好呢？

不得不说，很多男孩都对自己的人生感到迷茫，不明白自己为谁读书，为谁学习，更多的则认为是为父母学习，为了给父母争面子，而这种学习态度直接导致了他们对学习和生活冷漠，没有热情，对什么都没有兴趣，觉得整个世界都是没有意义的，整个精神状态看起来都无精打采，对什么都不在乎。

作为父母，如果你的儿子也是这样的状态，那么，我们有必要对其进行引导，以帮助儿子建立良好的心态。

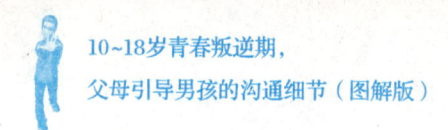

心理支招

1.引导男孩思考：努力到底是为了谁

哈佛大学前任校长劳伦斯·H·萨默斯曾经在课堂上建议每一个哈佛学生每天都问自己一个问题："我为什么要学习？"

表面上看，这是一个很简单的问题，实则非常重要，因为一个人，只有具备良好的学习动机，才有强烈的学习欲望。而相反，如果一个人没有良好的学习动机，不明白做事的目的，就很难产生强大的内驱力。

确实，如果男孩们不明白自己学习的动机，不明白读书的目的，就会把学习当成负担，把读书当成任务。

所以，我们父母也可以这样向男孩提问，努力学习到底是为了谁？你可以继续追问：

"有时候，父母是会逼你学习，会剥夺你玩耍的时间，会让你觉得父母不近人情，但你是否真的知道自己是为了谁而读书呢？

其实，你要明白，读书是为了自己，年幼的时候，可能你不懂得为什么父母要你好好读书，但随着年龄的增长，了解了学长们的经验教训后，你也就能感受到读书的重要性。知识改变命运，没有知识的人在未来社会只会被淘汰，读书是为了获取知识，为了让自己未来的人生路更平坦。"

当男孩明白自己为什么读书、为谁读书，考虑清楚这个问题时，相信他也能找到努力学习的动力！

2.父母以过来人的经验告诉男孩努力学习的重要性

我们可以以自己读书的经历来引发男孩思考这个问题，比如，读书时的辛苦和学成后的喜悦或者因知识存储不够给现在生活带来的不便等，从而让男孩明白，在这样一个竞争十分激烈的社会中，没有知识，就等于没有生存的本领，每个人都在用知识为了自己的未来打拼。寒窗苦读的过程的确很辛苦，但这是一个人立于世的必经过程。

总之，我们只有让青春期的男孩明白读书是为了他自己，帮助他摆正这一心态，才能激发他的学习动力，这样即使他在学习的过程中遇到了很大的压力，让他喘不过气，他也可以在选择适当的方式发泄一下后，调整自己的状态继续努力！

"我不喜欢分享。"
——让男孩明白自私的人生是孤独的

家长的烦恼

很久以前，在一个小山村里，住着四个兄弟，他们的父母早早就离开人世了，"长兄为父"，最大的那个男孩便承担起了照顾弟弟们的重任。

这天，哥哥从城里打完工回来，带了三块糖。这对于这个贫苦的家来说，简直是最好吃的食物了，看着弟弟们高兴的样子，哥哥便对他们说："好吃不？"弟弟们都不停地点头，对哥哥说："哥哥，你什么时候再给我们买糖啊？"哥哥说："如果你们每天都快快乐乐的，哥哥每天都给你们带糖吃。"

可是，这些没爹没妈的孩子怎么才能天天都快乐呢？

哥哥虽然每天进城，但干的都是一些体力活，比如，给人搬砖、打杂等，那些城里人都不给他什么好脸色，但他总是很高兴，因为他一想到家里的三个弟弟很开心，他也就没什么烦恼的了。

三个弟弟在家里，虽然见不到哥哥，但也总是很高兴，他们在河边嬉戏，在树林里玩游戏，他们会想念哥哥，不是因为哥哥会给他们带糖吃，而是担心哥哥在外面的安危。

有一天，哥哥还和往常一样从城里回来，但这次，哥哥并没有给弟弟们带糖，弟弟们看着哥哥的颓丧，仿佛都明白了什么。哥哥的眼睛仿佛也黯淡了很多。

过了会儿，一个弟弟把自己的拳头递给了哥哥，然后打开拳头，哥哥看到里面是六颗保存完好的糖果。接着，一只只小拳头伸向了哥哥，一颗颗糖果轻轻地落在了哥哥的手中。哥哥顿时惊呆了。哥哥搂住了三个弟弟，因为感动，哥哥不禁流下了热泪。

此后，哥哥还是和以前一样，每天都会给弟弟带回来三颗糖，但每天都有一个弟弟不吃，把糖留给哥哥，因此，哥哥每天都能吃上弟弟给他的一颗糖。三个弟弟虽然每天都有一个没有糖吃，但他们比以前更加快乐。

这是个感人的故事，这些孩子，虽然每天有一个人没有糖吃，但却是快乐的，这就是分享的力量！

分享，是指将自己喜爱的物品，美好的情感体验及劳动成果与他人共享的过程。"分享"意味着宽容的心；意味着协同能力、交往技巧与合作精神，这些都是任何一个男孩应具备的重要素质。人生在世，我们每个人都需要和别人分享。分享快乐，分担痛苦，这样对自己有好处的同时，对别人也有好处，这就是现在经常说的"双赢"。

实际上，由于家庭教育的缺失，尤其是父母的溺爱，很多青少年阶段的男孩们变得自私自利，不愿意与人分享，这对男孩成为一个合格的社会人是极为不利的。在现实生活中，自私、不愿意与人分享的男孩并不少见。这虽然不是什么大毛病，但是一个什么都不愿与他人分享，独占意识很强的人，是很难与他人形成良好的人际关系的。所以，在对男孩的价值观教育中，我们必须培养男孩的分享意识。

心理支招

1.找到男孩不愿与人分享的原因

一般来说，青春期的男孩，不愿意与人分享，原因有三：

一是现在的孩子都是独生子女，在家庭生活中，没有需要他们伸手帮助别人的这种氛围；二是他们缺少替别人着想的意识；三是他们受教育的程度还不够，使得他们还不能够真正从思想上认识到自己身边还有他人，自己应该多替他人着想。找到原因，才能在日常生活中对症下药，解决问题。

2.让男孩从分享物质开始培养他们的分享意识

让孩子与别人分享糖果、糕点、图书等物品，还可以借儿子过生日，邀请他们的朋友一起来分享生日蛋糕，从而让男孩从中学会分享，体验分享的快乐。

3.主动分享男孩的爱好、兴趣，打开男孩分享的心

有时候，有些男孩不愿与父母分享，是因为父母不是贴心的朋友，父母总是以过来人的态度与观点数落男孩。因此，家长们不要什么事情都认为自己在理，都认为自己是对的，自己的孩子永远是错的，其实男孩的成长不是家长告诉他要怎样做，什么样的结果是对的，什么样的结果是错的。

有个母亲的做法就很好，她发现自己的儿子很喜欢储蓄，小钱罐里装满了硬币，于是，她就和丈夫商量，每月给儿子一些钱，让儿子管家里的日常开销。儿子在接受了这一任务之后，一下子成了家里的小会计，每天都会因为购买一些日常用品而与父母沟通，和父母的关系也比以前亲密多了。而儿子的学习成绩却并没有因此而受到影响。

可见，我们若想拉近与青春期男孩的心理距离，让儿子

乐于跟我们分享，就应该在平时多留意社会的发展和儿子的想法，注意与儿子沟通，在了解儿子的想法后也多向老师求教，双方配合合理引导，使儿子的个人爱好与他长远的人生目标衔接上，从而促进孩子的健康成长。

总之，如果你的儿子是一个什么都不愿与他人分享，独占意识很强的人，那么，他是很难与他人合作、形成良好的人际关系的。为此，我们有必要帮助男孩克服自私的缺点，培养与他人分享的意识。

冷漠、没有爱心——引导男孩树立正确的道德观

家长的烦恼

默默初一了，周末这天早上，妈妈带默默去新华书店买练习资料。在过马路的时候，默默和妈妈看见一个老爷爷颤颤巍巍地拄着拐杖，也好像要过马路的样子，妈妈说："默默，你去扶一下老爷爷吧。"

"我才不去呢，你看他那么脏。再者，马路上这么多人，会有人帮忙的……"默默很不情愿地说着。

"你这孩子，怎么会有这种想法呢？助人为乐是中华民族的传统美德，而且，帮助一个年迈的老爷爷更是理所应当的，

这也关系到一个人的道德问题。"默默被妈妈说了一通后，有点不好意思了，赶紧跑过去扶老爷爷过了马路。

过了一会，妈妈又对默默说："默默，看来妈妈平时只顾着关心你的学习而忽视对你思想品质上的教育了……"

古人云："听其言，观其行。"就是说，通过一个人的言行，我们就可以对他的思想道德和价值取向作出基本的评价和判别。我们的一言一行在某种程度上体现了我们自身的文化素养和道德准则。然而，我们却发现，一些男孩到了十几岁以后，本应该变得懂事，但实际上却变得自私、冷漠。就和事例中的默默一样，面对过马路的老人，他居然漠不关心。青春期是一个人的世界观、人生观形成的关键时期，也是个性品质形成的重要时期，待人热忱的男孩才是可爱的男孩，才是受人欢迎的男孩。

与自私、冷漠相对应的是爱心，何谓爱心？爱心，是热情开朗的性格和对人、对物、对事一贯关心的态度。爱心，就是能觉察体验别人的心情，能站在别人的位置与角度去感受别人的欢乐、痛苦、烦恼、失望之心。

有爱心是一种美好的品质。因此，作为父母，要维护男孩子纯洁的爱心、善心、良心，那是使一个人任何时候面对任何人都能堂堂正正的根本，也是让男孩永远纯正的坐标。

心理支招

1. 让男孩学着去热爱生活

一个热爱生活的男孩才会获得真正的快乐，才会有高尚的品格，对此，作为父母，我们要放开男孩的手脚，让男孩自己寻找生活乐趣，做他自己想做的事情，尽情享受人生的一切，并让孩子在与父母的交往中获得快乐。

2. 让男孩学会关心他人

小星是个很懂事的男孩，左邻右舍都很喜欢他，这是因为父母起了示范作用。爸妈在家总是很尊敬长辈，爸妈经常教育小星要有家教，要懂得有爱心，妈妈经常对其他阿姨夸小星："吃饭时他会主动为我们摆好碗筷，我们没有吃饭，他自己从不一个人先吃。桌子上摆了水果，他会主动选最好的给父母吃，从来不自己一个人独吃。他事事都是首先能够想到别人，我们真是为他感动。"

这里，小星就是个懂得关心他人的男孩。我们（要）教育男孩有爱心，就要从教导男孩关心你周围的人开始，一个人，只有先学会了关心自己最亲近的人，才可能爱其他人，才可能真正做到"博爱"。因此，生活中，如果男孩的老师生病了，他的朋友遇到一些困难了，我们父母都要告诉男孩，千万不要袖手旁观，要给予对方实在的帮助并加以安慰。

再比如，我们可以引导男孩主动帮助左邻右舍干些力所能及的事；或在家长生日时，暗示男孩来表达对父母的爱。而当男孩付出行动后，我们应以微笑的表情、赞扬的语气及时地给予表扬，这能激起他产生一种关爱他人后的愉快的心理体验，并产生不断进取的强烈愿望，以至逐步形成把关爱他人当作乐趣的相对稳定的健康心理。

3.让男孩学会感恩他人

这天，妈妈和小雷在看电视，看到这样一则广告：

一个大眼睛的小男孩，吃力地端着一盆水，天真的对妈妈说：妈妈，洗脚！

看完后，小雷流泪了，他对妈妈说："妈妈，以后，我也要对你和爸爸好，像这个小男孩一样。"

听到儿子这么说，妈妈感到很欣慰。

故事中的小雷是个孝顺的孩子。然而，在家庭生活中，我们还可以看到这样的情景：吃过饭后，男孩扭头就去看电视或出去玩，父母却在忙碌着收拾碗筷；家里有好吃的，父母总是先让儿子品尝，儿子却很少请父母先吃；儿子一旦生病，父母便忙前忙后，百般关照，而父母身体不适，孩子却很少问候……很明显，这些男孩都是缺少感恩的心。

一个懂得感恩的男孩才是真正有爱心、热忱的男孩，当然，培养男孩感恩的心，我们需要从日常生活中着手，比如，让男孩自己独立起来。要知道，处于青春期的他已经有了一定的行为能力，生活中的很多事他已经完全可以自己做了，比如，自己的衣服自己洗、自己的被子自己叠、自己收拾书包和房间等。另外，还可以让男孩帮父母做一些家务，比如，放学回家后，爸妈还没下班，男孩可以先煮好饭；周末，男孩也可以抽出半天时间帮爸妈进行大扫除等……这虽然都是一些小事，但却是感恩的具体行动。

青春期是人的人格砥砺和品质形成的重要时期，每一个处于这个阶段的男孩都要学会付出爱，我们父母也要着力培养男孩的爱心，并落实到平时的点滴行动中！只有这样，才能培养出男孩友爱、待人热忱的个性，他才能收获美好的未来。

第10章
人生观引导：男孩要坚守信念，培养勇敢乐观的人生态度

我们深知，养育一个男孩很难，养育一个具有良好品质的男孩更是最困难的工作之一，其中就包括培养人生观，人生观是指对人生的看法，也就是对于人类生存的目的、价值和意义的看法。而像诚实、善良、仁爱和奉献这样的观念对于青春期的男孩而言是模糊而难以掌握的，特别是他们可能会从学校的同学、朋友以及媒体那里得到相互矛盾、抵触的信息。而此时，就需要我们对男孩的引导，当然，这并不只是靠说的，需要我们在日常生活中对男孩言传身教，并持之以恒，长此以往，你会培养出一个出色的男孩！

要胜不骄败不馁,继续加油!

哈哈,我真是太厉害了!
(考了满分)

这么简单,我还是睡一会儿吧。

这道题好像有点难……我不会做,别人肯定也不会做!

都是因为我最近没有认真学习,这次没有小美考得好。

第10章
人生观引导：男孩要坚守信念，培养勇敢乐观的人生态度

"没有打不倒的困难。"——乐观的心态是宝贵的资产

家长的烦恼

吴先生的儿子兵兵最近因为打篮球骨折了，生病后的他没办法上学，整天在家养伤，心情很糟糕，总是唉声叹气。吴先生决定找儿子好好谈谈。

吴先生并没有开门见山，而是先给儿子讲了一个故事：

曾经有个人，他的一生都是充满不幸的。

在他46岁那年，他坐的飞机出现了事故，他全身65%以上的皮肤都被烧坏了。无奈之下，他必须进行植皮手术，但他没想到的是，他居然做了16次手术，导致面目全非，并且，他的手指也没有了。可出乎意料的是，就在六个月后，这个巨人居然驾驶飞机飞上了蓝天。

然而，厄运并没有到此结束。四年后，在一次飞行过程中，他所驾驶的飞机突然失控，然后摔到了跑道上，而他的12块脊椎骨全部被压得粉碎，腰部以下永远瘫痪。

虽然这样，他也没有消沉，他说："我瘫痪之前可以做1万种事，现在我只能做9000种，我还可以把注意力和目光放在能做的9000种事上。我的人生遭受过两次重大的挫折，所以，我

只能选择不把挫折拿来当成自己放弃努力的借口。"

这位生活的强者，就是米歇尔。他正因为永不放弃努力，最终成为一位百万富翁、公众演说家、企业家，还在政坛上获得一席之地。

说完这个故事后，吴先生问兵兵："儿子，知道这个故事的含义了吗？"

"我知道，爸爸，做人一定要乐观啊。"兵兵很干脆地说。

著名心理学家塞利格曼指出：父母教育孩子的方式正确与否，显著地影响着孩子日后的性格是乐观还是悲观。因此，作为父母，一定要培养男孩积极的心态，让男孩在乐观中逐渐找到生活的自信。的确，无论何时，人都会遇到两个机会，一个是好的，一个是不好的。好机会中，藏匿着不好的机会，而不好的机会中，又隐含着好机会，关键是我们以什么样的眼光、什么样的心态和视角去对待它。

一位教育专家有句名言："培养笑容就是培养心灵。把孩子培养成面带笑容的孩子，就是把孩子培养成为乐观、进取的人的最重要条件之一。"

的确，一个乐观开朗的人，无论面对什么样的生活，都有能力重新开始，即使在地狱中，也能重新走入天堂。对于任何一个人来说，乐观的态度是比什么都重要的财富。

因此，家长在培养男孩的过程中，乐观性格的培养是必不可少的。也许有些男孩天生就比较乐观，有些男孩则相对悲观。但乐观思想是可以培养的，即使孩子天生不具备乐观品质，也可以通过后天的努力来实现。

心理支招

1. 家长要有乐观的思维模式，用乐观的心态和家庭氛围来感染男孩

在男孩的成长过程中，他一直在看着父母，如果父母在处理自身问题和家庭问题时持乐观态度，那么男孩通过观察和模仿就会逐渐养成乐观品质。当男孩遇到不利事情而悲观时，父母应带领男孩对问题进行多方面的思考和衡量，并让男孩明白他的思想中存在的逻辑错误。

自信乐观的父母，总是能够培养出言行乐观的男孩，他们总是能够为儿子营造积极乐观的氛围。

为此，家庭中所有成员在说话做事时都应有平和的态度。在对男孩说话时，要和颜悦色，让儿子心情舒畅，不要经常厉声厉色地斥责男孩，以免男孩对父母望而生畏，心情老是处于不舒畅的紧张状态。这就要求父母尊重男孩的愿望，做到以理服人，要让男孩自然产生出积极的情绪。

2. 要经常引导男孩完成力所能及的任务，使其体验"成功"的欢乐

对于一个人来说，能够产生愉悦的情绪的方法，莫过于完成任务了,因为完成任务能带来满足感和自豪感,因此,作为父母,要让男孩在完成学习、劳动任务中,或在游戏活动中体验到"成功"的愉快心情。

3.男孩一旦有了不愉快的事情,家长要设法尽快消除其不良情绪,恢复其愉快的心境

总之,培养男孩乐观的心态,父母要身体力行,营造出一个乐观而温馨的家庭环境,让男孩快乐地学习、快乐地生活,教男孩子正确面对批评和挫折,学会乐观向上,帮助男孩克服羞怯和抑郁的悲观因素,多给予赏识与鼓励,多给予笑声与温暖,男孩就会逐渐形成乐观开朗的性格。在男孩的一生中,乐观具有许多意义:它是诱发男孩子采取行动的强烈动机;它静驻男孩内心,可以提供充满勇气、克服困难的神秘力量。

"谁都比不上我!"——谦虚的男孩更知道进取

家长的烦恼

邱先生的儿子邱璇考了初三年级第一名。这天,邱璇很高兴地拿着试卷回家来,看到爸爸在客厅看报纸,他赶紧说:"爸爸,你瞧我这次是全年级第一名呢,老师还当着全班同学的面表扬我了,怎么样,我厉害吧?"

第10章
人生观引导：男孩要坚守信念，培养勇敢乐观的人生态度

邱先生发现，儿子的语气里明显有炫耀和骄傲的成分，他想，是时候要教育儿子学习谦虚了，于是，他对儿子说："璇璇，我先来给你讲个故事吧。"

"什么故事？"

"有个男孩大学毕业以后，他对自己的前途充满了信心，因为他在学校一直都表现得很出色，而且多次获得征文比赛的大奖。他一心想到贸易公司工作，并写了许多履历表前去应征。

其中有一家公司写了一封信给他：'虽然你自认文采很好，但是我们看了你写的简历，直言不讳地说，你的文章写得很差，甚至还有许多语法上的错误。'

受到打击的男孩心底很不服气，'我怎么可能在履历表上出错误呢？'但是，他回头仔细查看了他的简历后，发现确实有些他没有察觉出来的错误，而这些错误的拼写和语法自己一直都这样用，却一直都不知道它们是错的。

于是他写了一封感谢信给这个公司，小卡片上是这样写的：'谢谢贵公司给我指出我经常犯的错误。我会更加细心的。'几天后，他再次收到这家公司的信函，通知他可以上班了。"说完这个故事后，邱先生继续对儿子说："儿子，你知道这个故事告诉我们什么道理吗？"

"我知道，爸爸，做人谦虚才能进步，我明白您的意思，我不会再因为取得一点成绩就骄傲了。"

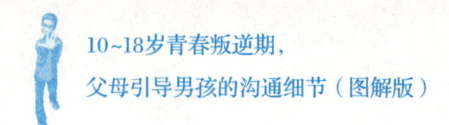

的确，人人都喜欢谦虚的人，而不会与自以为是的人为伍。即使是在提倡"毛遂自荐"精神的今天，谦虚依然不失为一种伟大的美德。一个人持有谦虚精神就如同持有一张通行证，可以畅通无阻地行走于社会，因为谦虚的人知道进取。

列夫·托尔斯泰说："一个人就好像是一个分数，他的实际才能好比分子，而他对自己的估价好比分母，分母越大，则分数的值越小。"

不少青春期的男孩，一旦取得了一点好成绩，就容易骄傲自大，就认为已经掌握了老师传授的所有知识，但事实并不是如此，男孩一旦骄傲，就很容易满足现状，变得停滞不前，很明显，有这样的心态的男孩需要我们父母引导。具体来说，我们可以从以下几个方面努力：

心理支招

1.不要过度夸奖男孩

父母对男孩过分的夸奖与肯定，很容易使男孩滋生骄傲情绪，认为自己是最优秀的。一旦产生这种骄傲情绪，再纠正就困难了。

当今很多男孩的父母喜欢在众人面前炫耀儿子在这方面或那方面的"与众不同"，这样就很容易使男孩滋生骄傲情绪。事实上，一些潜质很好的男孩之所以没能如愿地在未来成为栋梁，正是源于他骄傲自满、狂妄自大。

骄傲自大的男孩往往不屑于与别人交往，心胸变得很狭窄。他们虽能取得一定的成绩，但往往只满足于眼前取得的成绩，而且看不到别人的成绩。只有谦虚的男孩才有机会看清自己，看清别人，从而博采众家之长。

2.经常给你的儿子讲述一些优秀人物的故事或者一些浅显的道理

比如"水满则溢"的故事：

一个容器若装满了水，稍一晃动，水便溢了出来。一个人若心里装满了骄傲，便再也容纳不了新知识、新经验和别人的忠言了，故古人云："满招损、谦受益。"

另外，还有爱因斯坦的故事：

爱因斯坦是个名满天下的科学家，据说有一次他的学生问他说："老师的知识那么渊博，为何还能做到学而不厌呢？"

爱因斯坦很幽默地解释道："假如把人的已知部分比做一个圆的话，圆外便是人的未知部分，圆越大，其周长就越长，人发现自己未知的部分就越多。现在，我这个圆比你的圆大，所以，我发现自己尚未掌握的知识自然是比你多，这样的话，我怎么还懈怠得下来呢？"

当然，这些道理和故事最好来源于男孩周围的生活环境，同时代，同年龄的其他孩子的优秀事迹对男孩更具有激励作用。让他们知道：天外有天，人外有人。很多事物的优越性都是相对的，我们所拥有的，永远都微不足道，所以我们没有理

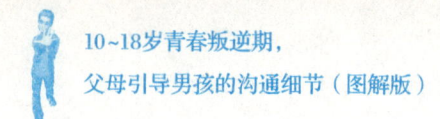

由不谦虚一点。

3.父母要用自身的言行影响男孩

父母切不可有骄傲自满的表现，因为一个尚未形成价值观、世界观的男孩极易受父母的感染。

4.父母要为男孩创造一个有利于培养孩子谦虚品质的大环境，同时和老师配合

在教育男孩谦虚的同时肯定孩子的长处，让男孩认识到只有谦虚才能使人不断进步。

的确，一个人不管自己有多丰富的知识，取得多大的成绩，推而广之，或是有了何等显赫的地位，都要谦虚谨慎，不能自视过高。男孩也一样，谦虚的男孩知道进取，不断探求知识和人生的路，教育青春期的男孩，一定要培养男孩正确的人生观，要知道，一个心胸宽广、能博采众长、不断地丰富自己的知识、增强自己的本领的男孩必能创出非凡的人生业绩！

"这不是我的责任。"——敢于担当才是真正的男子汉

家长的烦恼

一天，某户人家的门铃响了，开门的是男主人公汤姆。

汤姆发现，一个大概十来岁的小男孩站在门口。小男孩开

第10章
人生观引导：男孩要坚守信念，培养勇敢乐观的人生态度

始自我介绍："你好，先生，我的名字叫亨利。"然后，他指着斜对面那栋漂亮的房子，告诉汤姆那是他家。

然后他问："我可以帮您剪草坪吗？"汤姆打量了一下这个小男孩，小男孩身材瘦小，汤姆再看看自己家的花园，有前后院，还有个大的草坪，不过，既然是小男孩主动要求做，汤姆就点点头说："好啊！"

随后，男孩很高兴地推来剪草机，开始工作。他把笨重的机器推来推去，剪得相当整齐。

等他剪完所有的草后，按照事先说定的金额，汤姆给了他10美元的报酬，但汤姆很好奇的是这小男孩为什么要挣钱。对此，男孩说："上个星期我过生日，爸爸送我一辆自行车，但我要自己支付其中一半的钱。如果下个星期您再让我给您剪草坪，我就可以去买了。"

从那以后，汤姆家剪草的工作就给男孩承包了。慢慢地，附近几家的草地也都包给男孩去做……

的确，责任心对于一个男人来说，至关重要。男人最重要的品质就是责任感。事业有成者，无论做什么，都力求尽心尽责，丝毫不会放松；成功者无论做什么职业，都不会轻率疏忽。这就是一份责任。作为父母，我们必须在男孩还在青春期时就培养男孩的这一人生观，因为青春期是男孩人格和品质形成的关键时期。

然而，生活水平一代比一代好，见识也是一代比一代广，从智商来说也是一代比一代更高，男孩从长辈那获取的关爱也是一代比一代多，如今四个老人，一对父母疼爱一个孩子的现象已是不争的事实，可这种家庭环境下教育出来的男孩，却好逸恶劳，凡事漠然。试想，这样的男孩又怎能积极主动地做其他事情？因此，我们父母不光要让儿子学习好、身体好，更重要的是要让他们从小具有承担责任的良好素质，只有这样，男孩长大后才能承担起对家庭、对社会的责任。

心理支招

作为父母，我们可以从以下几个方面培养男孩的责任心：

1.培养男孩的自理能力和劳动能力

通过劳动，可以培养孩子的责任感。其实，好逸恶劳，本来不是男孩的天性，而是家庭教育的结果。不少家庭教育中忽视了劳动教育，甚至还要轻视体力劳动的价值，不少家长只是认为儿子上学就是学习知识，就是为了上大学，从而让儿子脱离体力劳动。我们都知道，一些男孩原本想跟在父母后面劳动，可往往不是得到表扬，而是受到指责，被埋怨碍事，被埋怨添乱。其实，能够做点什么就是体现人的价值，人都是要从自己所做的事情当中体现出自己存在的必要和价值的。培养孩子的责任感，进行劳动教育，也正是从这一点入手。

其实，青春期的男孩已经有一定的行为能力了，作为父母，我们不要事事替男孩包办，可以让他们自理，学会自己收拾房间，自己叠被子，整理、修补自己的玩具、图书，帮助摆放全家用的餐具，饭后扫地、倒垃圾，打扫楼道等。不论是什么任务，父母都应该用男孩能理解的方式给他们讲明，使他们意识到自己有责任将它做好。

2.教导男孩从生活中的小事做起，帮助周围的人

生活中，我们身边的人都会遇到一些难以解决的困难、问题，此时，我们要教导男孩帮助他人，只有这样，他们才会认识到身为一个社会人的责任。

3.告诉男孩责任不是挂在嘴边的

对男孩责任心的培养，最终目的还是要让男孩学会担当，"担当"的意思是：接受并负起责任。意在强调行动的重要性。

曾经有篇报道，叙述了一个16岁的农村少年，以优异的成绩考取了师范学校，面对着瘫痪在床无人照顾的父亲，无奈之下卖掉了全部家产，背着父亲走进校门，开始了漫长而艰辛的求学之路。

一个"背"字，不仅体现了父子之情，也体现了孩子对家庭的责任，这个少年就是"担"起了家庭的责任。

责任不需要整天挂在嘴边，这是一种意识。我们要让男孩明白，在遇到事情的时候他们必须承担后果。男孩从小学会"担当"，长大了自然就会有责任心。

4.教导男孩做事有始有终，自己造成的苦果自己负责

男孩与女孩不一样，男孩不会"安分守己"，他们好奇心强，什么都想去摸摸，去试试，但是随意性也很强，经常做事虎头蛇尾或有头无尾。所以我们要告诫男孩学会督促自己，做事要有始有终，以便培养他们持之以恒、认真负责的好习惯。

总之，我们培养男孩的责任心，是一个循序渐进的过程，这一点，必须要我们父母对男孩放手，给予男孩相应的信任，男孩的责任心就会随着年龄的增长循序渐进地培养起来。

"他是我的死对头！"——对手激励出真正的男人

家长的烦恼

刘太太是一名全职太太，儿子天天的生活和学习情况，她一直很关心。这天傍晚。老师打电话给她，她的儿子天天这次考了第二名，还不错，与第一名成绩相差并不多。刘太太心想，没拿到第一名，天天回来肯定不高兴。

过了一会儿，天天就回家了，告诉刘太太："妈，我这次考得不是很好，还是没超过王丹丹。"

"没事，下次继续努力就是，不过话说回来，儿子，你恨她吗？"刘太太顺便问。

第10章
人生观引导：男孩要坚守信念，培养勇敢乐观的人生态度

"为什么要恨她呢？"

"因为她是你的对手啊。"

"可是，如果不是她，我怎么知道要努力学习，又怎么能进步呢？"

刘太太不知道再怎么把话接下去，但是儿子能这么想，她感到十分欣慰。

相信任何一个父母，如果知道儿子有天天这样的好心态，都会感到很欣慰。这里，天天的回答说出了对手对一个人成长的作用。

奥运冠军刘翔曾说过一句话："没有对手就没有动力，我永远感谢对手。"的确，人类社会，本身就是一个竞争性的社会，随着知识经济的到来，人们的竞争意识更为强烈，可以说，我们生活的周围，无时无刻不存在着竞争。其实，也就是因为这些竞争对手的存在，我们才更具活力，才会有危机感，才会有竞争力。所谓"狭路相逢勇者胜"，正是由于竞争对手，我们才认识到自己的不足，我们才认识到要发展自我，我们才认识到社会乃至整个世界都无时无刻不在进步、在前行。对手就犹如一面铜镜，能照出你自己的特征，也能激励你去不断学习，不断发展。

可见，对手的存在，并不仅是威胁，在很多时候，他们还是激励人们进步的"伙伴"，如果每个青春期的男孩都能以这

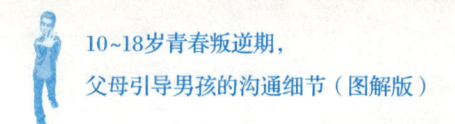

样的心态面对对手，那么，他们一定会有更大空间的进步。

作为父母，我们始终是男孩人生路上的引路人，我们要在男孩青春期就对他们进行引导，要告诉他们，对于对手，应该抱着感谢的态度，要知道，对手就犹如一面铜镜，能照出你自己的不足，也能激励你去不断学习，不断发展。那么，我们该怎样引导男孩与对手相处呢？

心理支招

1.告诉男孩对待对手要友善、真诚

首先，我们要告诉男孩，在与对手交谈的时候，要多考虑对方的感受，不要轻易地说让对方心情不悦的话，更不要随便当面指出对方的缺点，即使对方有什么过错，也应该迂回、委婉地指出来，让对方感受到你的善解人意，这样才能取得对方更多的信任和喜爱。

其次，与任何人交往，都不可太过感性，如果只与那些说好话的人交往，就会掉进奉承的陷阱里，而交不到真正的朋友。

最后，我们还应鼓励男孩放宽自己的眼界，不要只与自己喜欢的人交往。因为很多我们不喜欢的人，却是能激励我们成长的人，他们常常不厌其烦地指正我们的行为。

2.鼓励男孩真心为对手喝彩

的确，青春期的男孩都是情绪化的，他们在看到自己取得成功的时候总是兴奋不已，希望有人为他鼓掌。可是当身边

人，包括他的对手取得成功的时候，男孩很容易产生嫉妒的情绪。对此，我们要告诉男孩，对手成功了，要大声叫好，尤其是平日与你相处得很紧张、很不快乐的人成功了的时候，你为他鼓掌，会化解对方对你的不满和成见，改变他对你的态度，他会觉得你慷慨地付出自己的真诚，从此，他也会给予你支持。

3.告诉男孩当对手处于弱势时给他一句鼓励

人们都习惯于为自己或身边亲近的人付出，但为对手付出却很难，需要男孩有宽宏大量的精神，而且，这种付出，不仅仅是物质上的，还有精神上的。

因此，我们要培养宽宏大量的男孩，就要告诉他一点："当别人处于困境中时，你的一句简单的鼓励，都可能让对方重新站起来。当别人取得成就时，你的一句简单的恭喜也都是最好的礼物。很多人在面对竞争对手的时候，采取的是打击的方法，其实，这样做还不如化敌为友、化干戈为玉帛。想把对手变成朋友，就要舍得为他'付出'，当对方陷入困境的时候，你要保持冷静，不能见机踹他一脚；当你成功的时候，不要在对方面前趾高气扬，做到这些就是'付出'，勇敢的'付出'。"

总之，如果你的儿子能以宽容、大度的心去对待他的对手，相信在未来人生路上，他会更加出色。

第11章

交友观修正：男孩要广交挚友，懂得分辨真朋友

古罗马政治学家西塞罗曾说："世界上没有比友谊更美好，更令人愉快的东西了。"的确，"人生得一知己足矣。"青春期更是渴望获得友谊的年纪，相信每个青春期男孩都希望自己的生活里有这样一些人，这些人能给男孩讲一些简短却动听的故事，会教男孩玩好玩健康的游戏，这些人就是朋友。作为父母，我们都希望自己的儿子能有一两个好友，这样，男孩就不会孤单，在他以后的人生路上，也有知己相伴，但我们还必须要告诉男孩什么是真正的友谊，帮助他们建立正确的择友观，只有这样，男孩才会交到真正的朋友。

看，这是我的最新款。
很好看，我也想要。
看，我这件衣服是最新款！
这是你这个月买的第十件新衣服了吧？
我的朋友是穿衣服的人，而不是衣服。
我以为这样大家才会喜欢我……
谢谢你！
我们不要再攀比了。

第11章
交友观修正：男孩要广交挚友，懂得分辨真朋友

"他教我抽烟喝酒。"——引导男孩远离恶友

家长的烦恼

王太太发现自己的儿子童童最近有点不高兴，经过问询才得知，原来童童最好的朋友方立最近有了新朋友，便不理童童了，王太太心想，怪不得方立这孩子最近也不来家里"蹭饭"了，也不和儿子一起玩游戏、打球了。

一次交谈中，方立告诉王太太，他认识的这帮哥们儿人都很好，经常请自己吃饭，还带自己去玩，王太太心里便有点担忧，怕方立交了不良朋友。

果然，不到半个月，方立就跑来对童童说："原来他们并不是什么好人，那天，他们说要带我去玩，我们去了电影院，我亲眼看见他们勒索别人，后来，他们还让我抽烟喝酒，我还小呢，抽烟喝酒伤身体。我现在该怎么办，他们肯定还会再来找我的。"

王太太对方立说："别担心，以后回家就和童童还有其他同学一起，人多，他们不敢怎么样。另外，方立，阿姨要告诉你，你这种（追求物质上共同拥有的）交朋友原则是不对的，这些社会不良青年就是要对你们这些单纯的青少年下手，他们

往往用的就是同一种伎俩，朋友贵在交心，而不是物质共同拥有的，你明白吗？真正的朋友应该是帮助你成长成才的。"

听完王太太的话，童童和方立都似乎不太明白，于是，针对择友标准，王太太再为孩子们好好上了一课。

青春期是每个男孩人格发展和形成的重要时期，这时候，男孩交什么朋友，与什么样的人交往，会对男孩的一生形成影响，不但影响着男孩的言行、穿着打扮、处世方式、兴趣爱好，还影响着男孩自身的价值观、对自我的认识。

交友是应该有选择的，而且要从善而择。和好人交朋友，男孩才能提高、完善自身。所谓"与善人居，如入芝兰之室，久而不闻其香"，长期与一个好人在一起，自然会受到潜移默化的影响。

当然，对于尚未成熟的青春期男孩来说，他们并不十分清楚何为正确的择友标准，这就需要我们在生活中潜移默化地告诉男孩。

心理支招

1.鼓励男孩拓宽自己的交友面

我们要多鼓励男孩通过广交朋友来完善自己，让男孩扩大自己的交友圈子，接纳不同类型的朋友，多层次、全方位的朋友无疑对男孩的发展是有益的，当然，还应鼓励孩子把那种见

第11章
交友观修正：男孩要广交挚友，懂得分辨真朋友

利忘义、损人利己的"小人"排除在朋友圈子之外。

另外，我们要培养男孩有广阔的胸怀，因为只有心胸开阔的孩子才能包容朋友的过错。你也可以告诉他：如果你能有一两个敢于直陈己过、当面批评自己过失的诤友，你应该感到庆幸，因为这一两个诤友是真正的朋友。

2.告诉男孩什么是益友

那么，对于青春期的男孩来说，应该选择与什么样的人做朋友呢？

这个问题不能笼统而论。因为每个人的需要是不一样的，所以每个人在择友上也有不同的标准。不过，择友是有一些规则的。古人云："择友如择师。"现实生活中，一般人都喜欢找各方面或某些方面比自己强的人做朋友。以强者、优秀者为自己平时行为举止的榜样，这一点，在青春期青少年中尤为明显。比如，有的男孩指责同伴中的一个"喜欢当官，尽跟班干部在一起"。其实这是这个同伴的一种交友之道，无可厚非，同时，这也是出于一种使自己迅速强大起来、建立理想自我的愿望。况且，在同龄人中，见多识广、有能力的人更容易引起周围人的注意，更容易交到朋友。当然，每个人都有每个人的长处，见到别人的长处，应该学，见到别人的短处，应该戒。不可盲目自满和自卑，只要自己肯学习，肯修正自身的不足，将来一定会有作为。

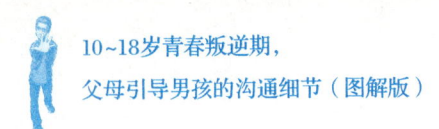

3.培养男孩的观察力，教会其谨慎交友

古语云：近朱者赤，近墨者黑。男孩是否能交到益友，关系到男孩的一生。所以，我们父母要教会男孩谨慎交友。你应该告诉他：

在还未了解对方基本品质之前，仅凭一时的谈得来和相互欣赏就急急忙忙贸然地把自己的信任与情感全盘托出，是容易为以后的不良关系埋下伏笔的。

对于青春期的男孩来说，父母更要教育他们注意，交友要广，但不能滥交，要恪守"日久见人心"的古训，通过与对方的多次交往，通过观察对方的言谈与举止，就可以洞悉对方的个性、爱好、品质，觉察对方的情绪变化，从而判断是否值得与之深交。

4.告诫男孩要与不良朋友划清界限

青春期的男孩如果交上好的朋友，则有利于自己学习进步和个人身心全面发展，一生受益无穷。但青春期是个缺乏社会经验与分辨是非能力的时期，父母不应该阻拦男孩交友，但也应该告诉他谨慎交友这个道理，要鼓励他与有道德、有思想、有抱负的人做朋友，要与遵纪守法、正直、善良的人做朋友，要与学习认真、兴趣广泛的人做朋友；还要告诉他，对于那些不良朋友，一定要与之划清界限，要知道，有些男孩受周围不良朋友的影响，拜金主义、享乐主义思想不断滋长，追求奢侈的生活作风，放纵自己，不仅荒废学业，还有可能走上违法犯罪的道路。

第11章
交友观修正：男孩要广交挚友，懂得分辨真朋友

"我要替哥们儿出口气！"——江湖义气害人害己

家长的烦恼

这天，某中学初一（三）班发生了一件集体打斗事件。事情是这样发生的。

原来，初中一年级进行班干部选拔，被选中的同学需要通过三周的试用期，很快，三周过去了，班主任老师让班上的同学重新选出班干部，结果呢，对于班长的职务，班上的男生一半选择原来的代理班长，而另外一半男同学，却选戴铭同学，两方的选票数目完全一致。那天中午，班主任老师让大家再商量一下，下午作出决定，结果，就在午休的半个小时中，班上出现了一场激烈的战斗，要不是班主任老师及时出现，这些男孩子都开始抄起"家伙"了。而经过了解，班主任老师发现原来这两位班长"候选人"，早就在班上培植了一批"小弟"。其中有几个胆小的男孩对老师透露，其实，他们本不想加入这场战斗的，但又怕被其他男同胞们鄙视，就加入了。老师是又气又急，现在的孩子，小小年纪，就盲目讲哥们儿义气了。

后来，班主任老师请来了几位家长，共同商量怎么解决这事，结果有位家长说："我的儿子学习非常好，这您是知道的，但就是逆反心理特强，不听爸爸妈妈的话。另外，这孩子从小就喜欢看《水浒传》，因此特别注重友谊，今年暑假的时

候,他去看了他小时候的玩伴,那个男孩被社会上的人打了,结果我儿子居然买了一把很长的匕首,非要帮那玩伴报仇,要不是我们及时发现,恐怕儿子都已经酿成大错了,老师,对于这种孩子,我想知道他的心态是怎么样的,我们应该怎么教育呢?"

其实,类似这样的现象在不少青春期男孩中间时有发生,随着年龄的增长,视野的开阔,青春期男孩对外界事物的情感体验也不断丰富起来,他们渴望交友,有了自己的交友圈子,有了自己的几个哥们儿。他们与哥们儿之间称兄道弟,并盟誓要有福同享有难同当等,这就是哥们儿义气。

然而,所谓的江湖义气是一种比较狭隘的封建道德观念。它信奉的是"为朋友两肋插刀""士为知己死""有难同当,有福同享",即使是朋友错了,甚至杀人越货,触犯法律,自己也不能背叛这个"义"字。总之,它视几个人或某个小集团的利益高于一切。因而,它与同学之间的真正友谊是截然不同的。

生活中,有些父母认为,儿子有几个铁哥们儿,在学校就不会孤单了,于是,这些父母放宽了心,把孩子交给了学校,由老师全权管理,当男孩因为打架斗殴被学校处分的时候,才意识到自己的失职。儿子盲目讲哥们儿义气,很容易误入歧途。那么,作为父母,应该怎样引导男孩理智对待友谊,摒弃哥们儿义气的行事风范呢？

心理支招

1.告诉男孩友谊的真正含义

青春期的男孩涉世不深、善良单纯、注重友情，与人交往，感情真挚，但这些男孩缺乏明确的道德观念，不懂什么是真正的友谊，甚至把"江湖义气"当成交朋友的条件，而使自己误入歧途。

作为家长，应该告诉儿子，友谊应该建立在人与人之间的一种真挚的情感之上。当他们遇到困难和危险时，朋友会无私帮助，如果有了烦恼和苦闷时，他们可以向朋友倾诉。

而友谊与哥们儿义气是不同的，友谊是有原则、有界限的，友谊对于交往双方起到的都是积极的作用，友谊最起码的底线是不能违反法律，不能违背社会公德。而"哥们儿义气"源于江湖义气，是没有道德和法律的界限的，它要求人们为"哥们儿"两肋插刀。友谊需要朋友之间的互相理解和帮助，需要义气，但这种义气是要讲原则的。一个人不辨是非地为"朋友"两肋插刀，甚至不顾后果，不负责任地迎合朋友的不正当需要，这不是真正的友谊，也够不上真正的义气。

2.理解男孩渴望友情的心情

那些喜欢讲哥们儿义气的男孩，一般来说，都缺乏师长的肯定，从而希望在同龄人身上得到赞同。处于青春期的男孩，渴望与人交往，获得友谊，对此，家长要予以理解，你可以告诉儿子："爸爸知道你压力大，需要一个朋友倾诉，但你可以把爸爸当成好朋友啊！"男孩在得到父母的认同后，也就能与父母坦诚地交流了。

3.告诉男孩是非曲折，提高其辨别能力

男孩是非观念的培养是需要一个过程的，家长要以鼓励为主，当男孩有所进步的时候，家长要鼓励、表扬和奖赏他，这样可以使他得到精神上的愉悦和情感上的满足，巩固已有进步。即使男孩做错了，家长也不应体罚他，而应对他进行必要的严肃的批评，耐着性子和他说理。

4.教会孩子克制冲动

有时候，青春期男孩在朋友遇到困难时，出于义气，他们会不经过思考，做出一些冲动的行为，比如为了朋友打群架等，其实，孩子帮助朋友的想法并没有错，只是孩子太过冲动，有时候好心办了坏事。

对于这种情况，我们应对男孩说："你这样做，并不能帮助朋友，冲动起不了任何作用，反倒让你帮了倒忙！朋友有难，你该帮助，但是要选用正确的办法！"你不妨让他先冷静下来，再找解决问题的办法。

第11章

交友观修正：男孩要广交挚友，懂得分辨真朋友

"我讨厌他，他总比我优秀。"
——引导男孩学会欣赏同伴的优点

家长的烦恼

陈先生发现了一个很奇怪的现象：儿子好像不跟自己最要好的同学王远一起上学和放学了。陈先生心想，不会吵架了吧？但孩子之间吵架，很容易和好，也没在意。可是，这种情况持续了一个月，这让陈先生感到很奇怪。

看到儿子闷闷不乐的样子，陈先生决定找儿子谈谈。"儿子，爸爸知道你最近肯定是遇到什么不开心的事了，如果你把爸爸当朋友，就跟我说说好吗？"

"没事的，您不用担心。"儿子敷衍着。

"是不是和王远吵架了？我感觉你们最近也不在一起玩了。"

"不要跟我提他，我没他这个朋友。"

"怎么了，他做对不起你的事了吗？"陈先生继续引导儿子。

"没有，我就是讨厌他，他总是比我优秀，以前上小学的时候我们差不多，可是现在，他每次考试都考得比我好，我跟他在一起，就像个小丑，一点面子都没有。"儿子很激动地说着。

"儿子，你要明白，他成绩好，是他的错吗？想想看，如果你跟他做朋友，你还能从他那里学到好的学习方法，你们如果能在学习上你追我赶，是不是都能得到进步？其实，王远是不错的孩子，爸爸一直鼓励你跟他来往，对不？"

"爸爸，你说得有点道理，你让我好好想想……"

案例中，陈先生的儿子为什么不再愿意和王远交朋友？因为王远学习成绩比他好，让他感到没面子。其实，有这种想法情有可原，不少青春期男孩，更愿意跟那些学习成绩不如自己的人交往，也就是源于这种心态。

的确，懂得欣赏别人是一种豁达，是一笔财富！用欣赏的眼光去看待别人，会发现其有很多优点，有很多值得自己学习和借鉴的地方。对于男孩来说，这是一种帮助他们不断地完善自己个性的方法。

青春期是个需要朋友的时期，青春期的男孩也慢慢成为社会人，青春期是个让人为友谊劳心劳力的时期，每个男孩都有几个朋友，但似乎这些孩子间都有一个威胁友谊的最大杀手——嫉妒。在同龄的孩子之间，往往免不了竞争。很多孩子在面对比自己优秀、比自己成功的朋友时，就会产生心理上的不平衡，"和他做朋友，感觉自己像个小丑一样，我简直是他的附属品，"这种心理很多孩子都有过。作为父母，我们不但要鼓励男孩和朋友交往，还要告诫他们要用欣赏的眼光去看待朋友，只有这样，他们才会拥有良好的人际关系，提高自己的人格魅力。

心理支招

1.告诉男孩，不要只关注自己

我们要让男孩明白，与别人交往时首先想到自己的人，通常难以与别人维持良好的关系。当自己开始把注意力集中到别人身上时，自己建立良好人际关系的可能性就大大增加。再者，人际关系是互动的，不要总是被动地等待别人来关心自己，帮助自己，要想建立良好的人际关系，最重要的是主动地与周围的人交往沟通。

2.提醒男孩反省自己，发现别人的长处

作为成长中的男孩，以这样的心态面对比自己优秀的朋友或者同学，不仅能客观地看自己和对方，还能弥补自己的不足，这样，男孩就不至于为一点小事钻牛角尖，还能交到帮助自己成长的真正朋友。

3.鼓励男孩用欣赏的眼光看待别人，千万不要试图通过争论使人发生改变

可能男孩常喜欢与同学、朋友讨论问题，这有助于提高男孩的知识和思维水平，但我们要告诉他，千万不要试图改变对方，而应该站在对方的角度，多想想对方为什么会产生这样的想法或提出这样的意见，如此，他就能发现与自己不同的思维

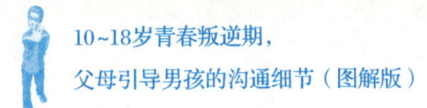

方式，同时还能发现对方的优点。

4.引导男孩友善和谐地与人相处

对于青春期的男孩来说，人际交往在他们的心理健康发展中非常重要。通过与人交往，他们不仅能感受到关爱，还能通过他人的评价，及时地改正自己的不足，督促自己成长。

总之，在学习或者生活中，我们要培养男孩宽广的心胸，要让男孩明白一点：如果他们的周围有比他们优秀的朋友，他们千万不要嫉妒，要心胸宽广，用心交友，以人之长补己之短，才能获得真正的友谊！

"我和他打过架。"
——引导男孩心胸开阔，让友谊更长久

家长的烦恼

这天，老师上课前，教室里静悄悄的，因为昨天班上有两个男生打架了，大家心想，今天老师肯定要惩罚这两个男生。但老师并没有说什么别的，而是先给大家讲了个故事：

两个已是好友的士兵在森林里与大部队失联了。

与队伍失散后，两人在森林中艰难跋涉，他们互相鼓励、互相安慰。十多天过去了，他们没有看到一个人影，回到部队

第11章
交友观修正：男孩要广交挚友，懂得分辨真朋友

的希望越来越渺茫，更严重的是，因为战争，所以动物四散奔逃或被杀光，动物的生存面临危机，他们勉强靠猎杀仅有的一些动物作为食物生存着。很快，时间过去了，他们再也没看到任何动物。仅剩下的一些鹿肉，背在年轻一些的战士的身上。生存又成了问题。

一天，背着鹿肉走在前面的年轻战士中了一枪，这一枪打在肩膀上。后面的战友惶恐地跑了过来，他害怕到语无伦次，抱起倒在地上的战友泪流不止，并赶忙把自己的衬衣撕成条来包扎战友的伤口。

夜深了，受伤的战士肩膀上包扎的衣服一片血红，他对于自己的生命并不抱任何希望。而那位没有受伤的战士两眼直勾勾的，嘴里一直叨念着母亲。用来救命的鹿肉谁也没有动，他们都以为自己的生命即将结束。那一夜令两个人都终生难忘。

天知道他们是怎么过的那一夜。第二天，他们被自己的部队发现了，当太阳升起的时候，他们获救了。

故事发生到这里，似乎告一段落，是个喜剧结局。

但事隔30年，那位受伤的战士安德森说："我知道是谁开的那一枪，就是我的老乡、战友。"这实在是太惊人了。

安德森平静地说："他去年去世了，否则我永远都不会说，如果我死在他前面，我会让这个故事烂在肚子里带走。那年在森林里，当他抱住我时，我感觉到他的枪筒还在发热，我顿时明白了，他想独吞我身上带的鹿肉活下来，但当晚我就

191

宽恕了他。因为我知道他活下来是为了照顾他的母亲。此后30年，我装作根本不知道此事，也从不提及。战争太残酷了，没有纳粹的存在，就不会有这样的悲剧。令人难过的是，他的母亲还是没有等到他回去就撒手去了。我和他一起祭奠了老人家。他跪下来，流着泪请求我原谅他。我拥抱着他，不让他说下去。我宽恕了他，我的心没有仇恨，异常的平静。我没有失去什么，我们又做了二十几年推心置腹的朋友。"

"故事中的主人公安德森是豁达的，面对朋友对自己的伤害，他选择了忘却。同学们，我告诉大家这个故事，是希望大家明白，即便大家产生了矛盾，有过节，只要我们选择宽容，就能成就友谊。"

对于青春期的男孩来说，他们总有几个死党，这些孩子会一起学习，有很多共同语言，但却会因为一些小事而产生误会，一些男孩甚至会对友谊产生怀疑，对于这样的情况，我们一定要引导男孩，告诉他们，不计前嫌才是真丈夫，主动伸出橄榄枝就能让友谊更长久。

心理支招

1.告诉男孩学会包容别人

包容是一首人生的诗，我们的生命因为包容而不再平庸；包容是一门生活的艺术，大度能容的境界，能让我们读懂人生

第11章
交友观修正：男孩要广交挚友，懂得分辨真朋友

的真谛。生活中，我们要懂得包容别人，因为相让共得，相斗俱伤。

我们要告诉男孩，对于他人的过错，他们大可以一笑了之，而不必耿耿于怀。做一个大气的人，用宽容的心去原谅他人，这能成就我们自身。再者，宽容能使我们变理智，当事情发生时，宽容让我们能冷静下来看到事情的缘由，同时，也能看清自己。试想一下，倘若我们与他人针锋相对，那么除了失去友谊外，还能带来什么呢？

2.鼓励男孩主动和解，化解争端

要知道，产生矛盾的两个孩子，如果谁都不主动和解，那么，只会不断争执下去。为此，我们父母可以鼓励男孩，对他说："你就应该大度一点，主动和解，如果你希望对方接纳你，那么，你自己就应该首先伸出友谊之手，而不要摆出冷冰冰的态度和架势，这只会让那些本愿意与你结交的人望而却步。只有积极、热情、真诚才能融化人与人之间的冰山。"

总之，我们要让男孩明白一个道理：你怎样对待别人，别人就会怎样对待你，接纳对方，才能被对方接纳，一切都由你的态度决定！

第12章
叛逆期沟通：倾听孩子心声，让男孩对你敞开心扉

我们都知道，每个男孩的父母都望子成龙，但在教育青春期男孩的问题上，他们显得过于焦躁，儿子一旦出了些什么问题，父母就乱了方寸，以为大声呵斥就能让男孩听话，而实际上，他们这样做，往往事与愿违，我们需要明白的是，青春期的男孩是叛逆的，要引导和教育男孩，我们就要和他进行心与心的沟通，我们只有放下架子，并找到和儿子沟通的技巧，同时多倾听孩子的心声，才能引领儿子健康成长。

小王和他的孩子交流得真顺畅。
哈哈哈……
怎么才能和孩子好好交流呢？
这你得请教我的儿子了。
叔叔，因为我和我爸是好哥们，而不是谁管着谁。
原来是这样！
看来我也得改变对待孩子的态度。

第12章
叛逆期沟通：倾听孩子心声，让男孩对你敞开心扉

消除"代沟"，与男孩成为亲密朋友

家长的烦恼

一位初上网的母亲向网友求助如何和儿子沟通，她这样说："儿子上初中后与我的话越来越少，一到休息天就守在电脑前跟同学聊天、逛贴吧、看论坛。我偶尔凑上去看他们聊的什么，结果竟然看不懂，他们用的都是什么'有木有''很稀饭'之类的词，问儿子是什么意思，儿子'切'了一声，很不屑的样子。"

"后来我到网上搜才知道，现在网络上有那么多新词。什么咆哮体、蜜糖体、淘宝体，我自己看得头都晕了。"

"前段时间儿子又改了个状态，写了句'金寿限无，乌龟和丹顶鹤'，我更是看不懂。问儿子，儿子居然说我老土，这都不知道，后来，我自己上百度搜了搜，才知道，这原来是前段时间热播的一部韩剧里的台词。哎，是这个年龄段的孩子真的太前卫了，还是我们真的太土了？"

而一位网友也感慨：她现在跟儿子的话题真是越来越少了。平时儿子放学回家，她总是会问儿子想吃什么，儿子的回答常常是"就知道问这个，随便"。儿子考完试后，她问儿子

成绩怎么样，儿子的回答就是"就会问成绩，烦不烦"。她给儿子买了新衣服，儿子的回答就是"就会买这样的，俗不俗"……

作为父母，当儿子进入青春期后，你是不是发现孩子不再像以前一样听话了，不再认为你说的都是对的，他是不是经常对你说："俗！""土得掉渣！""out了"等，从孩子的口中，你是不是会听到："我们同学都是这样说的。""人家都是这样穿衣服的。""什么都不懂，懒得跟你说。""你不明白的。"……这表明你和孩子之间有代沟了。

代沟是指两代人因价值观念、思维方式、行为方式、道德标准等方面的不同而带来的思想观念、行为习惯的差异。当今社会，代沟严重影响了父母和孩子关系。很多男孩不理解父母，甚至有叛逆心理，这一点在很多青春期男孩中尤其明显，进入青春期的男孩因依附性减弱，独立性增强，这使亲子两代人在对待事物的认识上产生了一定的距离。由于态度的不同及意见的分歧，青少年与父母之间出现了一条心理鸿沟，青少年认为父母不了解他们、有事宁可与同学商谈，而不愿向家长诉说，甚至以不满、顶撞、反抗、违法等方式试图摆脱成人或社会的监护，以自己的方式行事，坚持自己的理想和判断是非的标准。

大量事实表明，产生代沟的原因不在男孩，而在父母，比如，父母的冷淡磨灭了男孩向父母倾诉的兴趣。每个男孩小时候都是爱向父母倾诉的，但是父母的不当处理，致使男孩丧失了倾诉的兴趣。男孩既有身体上的"饥饿"（通过进食解决），也有心灵上的"饥饿"（通过交谈解决），而父母往往只关注了前者，忽略了后者。

常听到一些父母抱怨："儿子长大了，什么都不给我们讲，不知道他想的什么。"也常听到小孩说："懒得和父母说，说了他们也不理解。"

可见，要培养男孩，第一步就是要消除亲子间的代沟。具体说来，家长要做到的是：

心理支招

1.与时俱进，主动寻找共同语言

曾经有人做过一次调查，设计了一些问题。

你的儿子最喜欢做什么？他最崇拜谁？他经历的哪件事最打击他？

父母与儿子都写下这些问题的答案，然后彼此对照一下，结果发现，没有一位家长能回答对一半以上的问题。

的确，我们很多父母，能记得儿子每次的考试成绩，记得儿子喜欢吃的食物，但就是弄不清儿子崇拜的偶像是叫迈克尔·乔丹还是迈克尔·杰克逊，他喜欢的课外活动到底是打篮球还是踢足球？我们要努力和孩子建立共同的爱好，了解男孩，他才能有和我们交流的兴趣和欲望。

要知道，男孩最需要的不是玩具和零食，而是亲密的感情。要让男孩感受到亲密的感情，我们就要向他表达，比如，我们了解他的思想，对他表示理解，表示认同，给他一个鼓励的拥抱等。记住，我们的儿子已经进入青春期了，已经有了自己的爱好、思想等，对此，我们家长应予以正确的引导和鼓励，不能以一成不变、简单粗暴干涉的方式来约束他，应该突破传统教育的固定模式，与时俱进。父母应该在平时多留意社会的发展和男孩的想法，注意与男孩沟通，在了解他的想法后也多向老师求教，双方配合合理引导，共同促进男孩的健康成长。

2.制造机会，增加与男孩共处的机会

现代社会，很多父母都很忙，儿子也每天忙于学习，造成亲子间的代沟越来越大，而其实，作为家长的我们，也可以制造机会与儿子相处，比如，可以与儿子一起，参加体育运动，如一起晨跑，一起打球，一起游泳，这样不仅能增加与儿子沟通的机会，最重要的是得到了锻炼。

的确，男孩天天在用现代化的眼光审视我们，逼迫我们去学习新东西，督促我们朝现代化靠近！呆板的、单一的、简单的家教已经行不通了，父母要在人格魅力、学识素养各方面得到孩子的敬佩与爱戴。在21世纪，变是唯一不变的真理。变是常态，不变是病态。因此，作为21世纪的父母，我们不妨改变一下自己，做一个与时俱进的父母，从而将代沟减到最少。

批评男孩的艺术——适度批评，不可伤害男孩自尊

> **家长的烦恼**

周末这天，妈妈带着明明一起逛商场，明明看上一把玩具手枪，非要买，妈妈说该回家做饭了。明明赖着不走，非要妈妈买给他。这时候，妈妈蹲下来，对明明说："我的乖儿子，妈妈知道你很喜欢这把手枪，但你发现没，家里类似的玩具已经有十几个了，你看，妈妈每天都要辛苦地工作，才能挣钱给你买这些玩具，那么，明明是不是应该体谅一下妈妈呀？"妈妈说完后，明明还是撅着嘴。妈妈一看明明这样的表现，就继续说："要不，等下周妈妈发了工资就给你买，好不好？"听到妈妈这样说，明明高兴地答应了。

第二周的一天，妈妈（在）下班后对明明说："妈妈今天带你去商场买那把玩具手枪？"但明明却对妈妈说："妈妈，我以后要做你的乖儿子，以后不会乱买东西了。"听到明明这样说，妈妈欣慰地笑了。

在这个故事中，明明妈妈的教育方法值得很多父母借鉴，当我们批评和教育儿子时，我们一定要注意方法，我们如果大声训斥孩子，则会让孩子产生逆反心理。生活中，就是有这样一些家长，他们一遇到孩子犯错误的情况，就大声责骂孩子，

而结果，孩子的反对的声音比这些家长的声音更大，最终，双方的情绪都很激动，让亲子之间的关系很紧张。

英国教育家洛克曾说过："父母不宣扬子女的过错，子女对自己的名誉就会看重，子女觉得自己是有名誉的人，就会小心地去维持别人对自己的好评；若是父母当众宣扬子女的过失，使子女无地自容，子女便会失望，而制裁子女的工具也就没有了，子女觉得自己的名誉已经受了损害，设法维持别人的好评的心思也就变得淡薄了。"实际情况正如洛克所述，尤其是青春期的男孩，如若被父母当众揭短，甚至被揭开心灵上的"伤疤"，那么男孩自尊、自爱的心理防线就会被击溃，甚至男孩会产生以丑为美的变态心理。

而生活中，很多家长看到儿子犯错误就急了，批评起来非常过火，也不注意地点和场所，就大声地呵斥儿子，甚至在很多围观者的面前动手打孩子；有些家长更过分，只要孩子犯了一点小错，这些家长就新账旧账和孩子一起算，把往年陈谷子烂芝麻的事情一股脑儿地给抖搂出来，以为这样的强刺激对男孩会起到较深刻的教育作用。而这些家长忘记的是，自己在教育的是一个青春期的男孩，自己当众批评他，严重伤害了一个孩子的自尊，让他以后在人前抬不起头来。其实，家长越过火男孩越反感，这不仅不能取得应有的教育效果，而且让儿子对家长产生严重的反感情绪，这时候，家长就失去了教育孩子的"武器"——父母的威严。严重时，很多男孩会产生逆反心理，甚至会反抗父母的教育。

很多家长就产生了疑问:"青春期男孩自尊心强,难道就不能批评他们了吗?"答案当然是可以批评,但是批评男孩也要掌握一定的原则和技巧。

心理支招

1.注意时间和场合

批评男孩要避免以下三个时间点:清晨、吃饭时、睡觉前。

因为在清晨批评男孩,可能会破坏男孩一天的好心情;在吃饭时批评男孩,会影响男孩的食欲,长此以往会对男孩的身体健康不利;在睡觉前批评男孩,会影响男孩的睡眠,不利于男孩的身体发育。

2.批评男孩之前要让自己冷静下来

男孩犯了错,家长担心男孩会学坏很正常,难免也会产生一些情绪,但千万不能因为一时头脑发热而说出不该说的话,做了不该做的事而伤害到男孩。

3.先进行自我批评

父母每天和男孩打交道,也是男孩的第一任老师,男孩犯了错,父母或多或少都会有一定的责任。在批评男孩之前,如果父母能先来一番自我批评,如"这件事也不全怪你,妈妈也有责任""只怪爸爸平时工作太忙,对你不够关心"等,家长和男孩的心理距离就会一下子被拉得很近,这会让男孩更乐意接受父母的批评,还可以培养男孩勇于承担责任、勇于自我批

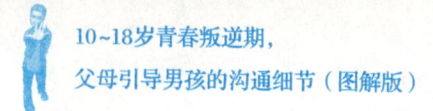

评的良好品质，一举多得，父母又何乐而不为呢？

4.一事归一事

有些父母很喜欢"联想"，一旦孩子犯了什么错，这些父母就能联想到孩子犯过的所有错误，甚至给孩子贴上坏孩子的标签，这样只会给孩子造成心理阴影。事实上，在批评孩子的时候，我们只要明白自己的批评，是为了让他知道，做什么样的事会带来什么样的后果。

5.给孩子申诉的机会

导致男孩犯错的原因是多种多样的，有孩子主观方面的失误，也有可能是不以男孩的意志为转移的客观原因。从主观方面来说，男孩犯错有可能是他有意为之，也有可能是他无心所致；有可能是他的态度问题，也可能是他能力不足等。

所以，当男孩犯错后，家长不要剥夺男孩说话的权利，要给男孩一个申诉的机会，让男孩把自己想说的话和盘托出，这样家长会对男孩所犯的错误有一个更全面、更清楚的认识，对男孩的批评会更有针对性，也让男孩能心悦诚服地接受自己的批评。

6.批评男孩之后要给男孩心理上一定的安慰

男孩犯错后，情绪往往会比较低落。父母在批评男孩后，应及时给孩子一些心理上的安慰，可以从语言上来安慰男孩，比如，说些"没关系，知道错了改正就行""我知道你是个聪明的孩子，自己会知道怎么做的""爸爸妈妈也有犯错的时候，重新再来"之类的话。

总之，在家庭教育中，父母对男孩的说教应注意"度"。说教如果"过度"，就会伤害男孩的自尊，家长掌握好说教的分寸，做到"恰到好处"，才能使你的训导对孩子起到"四两拨千斤"的作用。

表扬男孩的艺术——多提及男孩身上的优点

家长的烦恼

晓宇是个很听话的男孩，但成绩却很差，是班级中的后进生，这令他的父母很是头疼，他的妈妈对老师说："孩子自上学以来，被老师留堂是常有的事。为了他的学习，我放弃了工作，每天给他检查作业，辅导他，他的成绩还是很糟糕，我早就对他没信心了。我很失败，我教一个孩子都没教好。您教这么多学生，对晓宇这么关注，我们很感谢您。"

孩子是一个家庭的未来，老师望着晓宇妈妈一脸的无奈，恻隐之心油然而生，说道："晓宇其实一点也不笨，只是对学习没有产生兴趣，自觉性差些，我们的教育方法不适合他，我想只要家长和我们都能肯定他，鼓励他，他就会进步。"晓宇妈妈仿佛一下子看到了希望。

后来，妈妈开始对儿子实行赏识教育，孩子回家后，她即使再忙，也陪孩子一起做作业，并鼓励："乖儿子，你的字好像越写越好了，以后的字如果也像这样，该有多好，妈妈相信你以后也会写好的。"他露出了惭愧又充满信心的表情。

除此之外，晓宇的妈妈在儿子遇到学习中的问题时，也会将心比心地说："你会做这道数学题已经很不错了，妈妈以前做数学检测，一百题才能答对三十题呢。"

后来，当妈妈再次去学校开家长会时，老师对她说，"晓宇现在学习很努力，上课经常主动发言呢！课堂上总能够看到他高举的小手了，他令人耳目一新的发言，让同学们对他刮目相看了，课间他不再独处了，座位边围满了同学。"听到老师这么说，妈妈很是欣慰。

从这则教育故事中，我们得到一个启示：我们家长一定要好好运用"赏识"这个法宝，不要因为儿子做好了学好了的是应该的事而疏于表扬，渴望被人赏识是人的天性，尤其是对于青春期的男孩来说，同时，这些青春期男孩更希望获得父母的肯定。

心理学家曾经做过一个关于"孩子最怕什么"的调查，结果表明：孩子最怕的不是生活上苦、学习上累，而是人格受挫、面子丢光。美国心理学家威普·詹姆斯有句名言："人性最深刻的原则就是希望别人对自己加以赏识。"

青春期的男孩是正处于生理、心理变化的关键时期的特殊群体，他们尚未形成独立的自我意识，非常在乎他人对自己的

第12章
叛逆期沟通：倾听孩子心声，让男孩对你敞开心扉

看法。因此，表扬男孩，尊重他们，相信他们，鼓励他们，不仅可以让我们及时发现他们身上的优点和长处，挖掘隐藏在其身上巨大的、不可估量的潜力，而且能够缩小我们家长和男孩的距离，从而促进男孩的健康成长。

很多家长问，我该怎么夸孩子呢，总不能一天到晚说"好啊，乖啊"。这里就涉及了赏识教育的中心话题，我们要鼓励孩子，让孩子在"我是好孩子"的心态中觉醒，同时一定要注意表达的方式和内容。具体来说，我们的赏识必须满足两个要求：

心理支招

1.真实的表扬

我们对于男孩的表扬一定要是发自内心的，而不是虚伪的。我们可以不直接表达我们的赞赏，比如，我们可以说："南南，你这件球服呀，我也想给我家晓明买一件呢，却一直没见到，回头你能不能带我去？"我们这样说，孩子也会觉得自己的衣服很好看，觉得自己的眼光得到了别人的肯定，我们没有直接夸奖，但效果达到了。不要认为男孩是可以随便哄哄的，假惺惺的夸奖会被他们识破。

2.表扬不要附带条件

有些家长虽然也认识到了表扬孩子的重要性，但却担心男孩会骄傲，于是，他们常常会在表扬后还加上一条附带条件，比如说："你做这件事很对，但是……"这类家长认为这样会

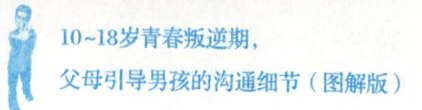

让男孩更有心理承受能力、更能接受教训，其实，男孩最害怕这类表扬，他们会以为这些家长的表扬是假惺惺的。千万不要低估他们的智力，他们是能听出你的话中话的。

对男孩的表扬最好是具体的，比如："真乖，今天你开始自己学会洗衣服了。""我听李阿姨说你今天主动跟他打招呼了，真是个懂礼貌的孩子。"

总之，我们都知道，孩子是父母的作品，任何家长都希望自己的作品足够优秀。要想让男孩长大后成为一个自信的人，我们就要学会表扬男孩，让男孩看到自己身上的优点。

认真倾听是有效沟通的开始

家长的烦恼

刘兴是一名中学老师，也是班主任，他关心班上的每个学生，他并没有把眼光只放在那些学习成绩优异的学生身上。从初一开学到现在，已经有半个学期了，他发现班上有个叫王铭的男孩子，似乎总是不对劲，同学们放学后，他宁愿在学校四处游荡也不愿意回家。于是，班主任老师决定做一次家访。原来，所有的问题都出在孩子的爸爸身上。

"我爸回家我就进卧室，吃饭做作业我都待在自己的房

第12章
叛逆期沟通：倾听孩子心声，让男孩对你敞开心扉

间里，早上等他上班了我再上学，一天下来我们基本上可以不说话。"王铭这样形容自己和爸爸的生活，他们之间"相敬如宾"、互不干扰对方。

"跟他说话很累，根本就说不到一块去。"王铭说，每次和爸爸说话，从来就是三句话不到就开始"热闹"了。

"其实我们父子俩哪有什么深仇大恨，我说他也是为了他好，但孩子倒把我当成仇人、陌路人。"王铭的爸爸这样对班主任老师说，他是个退伍军人，大男子主义比较重，说话常有口无心又好面子，不愿意向孩子低头；而王铭年纪小比较容易激动，又认死理，也许是这样才造成父子两人关系越闹越僵。上了初中后，王铭已经习惯了对父亲那套"我是家长，我说什么你得听着"的理论保持沉默。"像现在这样大家互不干涉也挺好的，没有吵架也安静多了。"在王铭看来，这种陌生人般的父子关系似乎也不赖。

其实，很明显，王铭爸爸和儿子之间问题的症结在于缺少沟通，而其中一个重要的沟通障碍就是爸爸放不下做父亲的架子，与孩子之间形成了一种对抗的关系，久而久之，孩子就宁愿与爸爸以陌生人的关系相处。

现实生活中，这样的家长又有多少呢？随着现代社会生活步伐的提速、竞争压力的加大，作为家长，为了能给儿子一个优越的生活环境，常常由于工作忙碌，而忽视了与儿子的沟通、对孩子的陪伴。父母是男孩的第一任老师，也是男孩接触

时间最长的朋友,在孩子成长的过程中,孩子最需要的就是父母的关心,最希望的就是与父母的交流,尤其在进入青春期以后,男孩对这种交流的需求应该更为迫切,因为青春期期间,男孩的自我意识加强,他们渴望独立,如果缺少父母的理解,那么,亲子关系就会越发紧张,甚至对孩子的成长产生不利影响。

可能不少父母都认为,与男孩沟通,只有在孩子面前树立威信,才能让孩子信服,于是,这些父母在说话时尽量提高音调,以为这样男孩就会听自己的话,但却常常事与愿违。其实,假如我们作为父母能用心地与孩子沟通,多听听他们的心声,让男孩感受到我们对他们的尊重,亲子关系也许会好很多。

心理支招

那么,父母需要怎样倾听男孩的心声呢?

1.耐心听完男孩的叙述,不要急着打断他

生活中,一些男孩说:"每次,我想跟爸妈谈谈心,刚开始还能好好说话,可是爸妈似乎都是以教训的口气跟我说话,我还没说完,他们就开始以父母的身份来教育我了,我真受不了。"其实,这些家长就是不懂得如何倾听,倾听的首要前提就是要有耐心。让男孩把话说完,再提出解决的方法,这样才会让男孩感受到被尊重,也才能达到双向交流的目的。

因此,无论男孩是向我们报喜还是诉苦,我们最好暂停手中的工作,静心倾听。若边工作边听,我们也要及时作出反应,表达自己的想法或感受,倘若我们只是敷衍了事,男孩得不

到积极的回应，他们日后也就懒得再与我们交流和分享感受了。

2.不要急着否定他们，给他们更多解释的机会

作为大人，很多时候，会认为儿子的想法是不对的，甚至是不符合常规的，抱着这样的心态，在倾听儿子说话的时候，会有一种先入为主的想法，会把男孩的话摆在一个"幼稚可笑"的立场，这样，男孩自然得不到理解。其实男孩也是人，也有一个丰富的心灵，我们要特别注意倾听他们的心声。

3.再忙也要听他们说

其实，每一个青春期的男孩都希望得到父母的理解，因此，我们从现在起，每天哪怕是抽出2小时、1小时，甚至是30分钟都好，做男孩的听众和朋友，倾听儿子心中的想法，忧其所忧，乐其所乐。当孩子从我们这里获得安全感或信任感后，他们就会向我们诉说心灵的秘密。这样，我们才有可能经常倾听到男孩的心灵之音，我们的儿子才会在我们的爱中不断健康地成长，快乐地度过青春期！

不得不说，很多青春期男孩的父母都望子成龙，但在教育男孩的问题上，一些父母显得过于焦躁，孩子一旦出了些什么问题，这些父母就乱了方寸，以为大声呵斥就能让孩子听话，而实际上，这些父母是否想过：自己要求孩子听话和了解自己的意思，但自己有没有了解过孩子的想法？沟通，要求我们父母主动向男孩展现自己的内心世界，同时多倾听男孩的心声。这样，我们才能了解孩子心中的所思所想，而后"对症下药"给予适当的引导，使男孩健康成长。

参考文献

[1]吴琦玲.青春期男孩心理成长枕边书[M].北京:中国纺织出版社,2013.

[2]鲁鹏程.好妈妈不吼不叫教育男孩100招[M].北京:机械工业出版社,2011.

[3]闫晗.写给青春期男孩的书大全集[M].北京:新世界出版社,2011.